〔英〕安德鲁·塞斯 著
王兴赛 译

黑格尔主义与人格

Hegelianism and Personality

Andrew Seth

Andrew Seth
HEGELIANISM AND PERSONALITY
William Blackwood and Sons
Edinburgh and London, 1887
据威廉·布莱克伍德父子出版社 1887 年版译出

译者序

本书作者安德鲁·塞斯(Andrew Seth, 1856—1931)被认为是英国观念论运动(19世纪70年代—20世纪30年代[①])第二代学者中非常突出的几位之一，他开创了英国人格观念论学派。[②]这个学派形成的标志就是《黑格尔主义与人格》(*Hegelianism and Personality*)这本书的出版，由此可见本书的重要性。下面就塞斯其人、《黑格尔主义与人格》一书的基本内容及影响和关于本书的翻译等略作交代，以期帮助读者阅读和了解。

一、塞斯其人

塞斯于1856年出生在苏格兰爱丁堡，1873年进入爱丁堡大学，1876年春塞斯曾与同学旅行到德国莱茵地区，并到海德堡大学参加费舍尔(Kuno Fischer, 1824—1907)的讲座。[③] 塞斯于

---

① Cf. W. J. Mander, *British Idealism: A History*, New York: Oxford University Press, 2011, p. 1. 笔者在引用该书过程中参考了黄涛的中译本，在此特别致谢！个别地方根据原文有改动，下不赘述。按照该书，英国观念论第一代应该主要是指格林(T. H. Green, 1836—1882)、约翰·凯尔德(John Caird, 1820—1898)、爱德华·凯尔德(Edward Caird, 1835—1908)、华莱士(William Wallace, 1843—1897)等。

② Cf. Rudolf Metz, *A Hundred Years of British Philosophy*, London: George Allen and Unwin, 1938.

③ Andrew Seth Pringle-Pattison, "Memoir", in G. F. Barbour ed., *The Balfour Lectures on Realism*, Edinburgh and London: William Blackwood and Sons, 1933, pp. 15-16.

1878年春以优异成绩从爱丁堡大学毕业，其后他获得奖学金到德国学习。他先在柏林师从希腊哲学史家策勒(Eduard Zeller, 1814—1908)[①]，后再到耶拿学习黑格尔哲学，最后到哥廷根大学，师从洛采(Hermann Lotze, 1817—1881)，受到洛采思想的重大影响，开始怀疑整个绝对观念论，认为绝对观念论对一般意义上的个体实在和特别意义上的人的位格性构成了威胁。[②] 洛采强调要严格区分实在(存在)和思维(知识)[③]，"存在(existence)是一回事，知识(knowledge)是另一回事"，他认为黑格尔所提供的东西只有作为逻辑学(关于知识或思维)才有效，作为形而上学(关于实在或存在)则是谬误。[④] 这对于理解塞斯的《黑格尔主义与人格》来说是关键性的。

在德国游学期间，塞斯写作了《从康德到黑格尔的发展》(*The Development from Kant to Hegel*)，后于1882年出版。1880年秋，塞斯回到爱丁堡大学，直到1883年一直担任他在爱丁堡大学学习期间的导师坎贝尔·弗雷泽(Campbell Fraser, 1819—1914)的助手[⑤]，后者长期研究贝克莱，持贝克莱主义的有神论。[⑥] 为了

---

① Andrew Seth Pringle-Pattison, "Memoir", in G. F. Barbour ed., *The Balfour Lectures on Realism*, Edinburgh and London: William Blackwood and Sons, 1933, p. 22.

② Eugene Thomas Long, "The Gifford Lectures and the Scottish Personal Idealists", in *The Review of Metaphysics*, Vol. 49, No. 2, 1995, p. 367.

③ W. J. Mander, *British Idealism: A History*, New York: Oxford University Press, 2011, p. 21.

④ W. J. Mander, *British Idealism: A History*, New York: Oxford University Press, 2011, p. 357.

⑤ Andrew Seth Pringle-Pattison, "Memoir", in G. F. Barbour ed., *The Balfour Lectures on Realism*, Edinburgh and London: William Blackwood and Sons, 1933, pp. 33-34. 在这期间塞斯还在新闻报刊行业做兼职。

⑥ Andrew Seth Pringle-Pattison, "Memoir", in G. F. Barbour ed., *The Balfour Lectures on Realism*, Edinburgh and London: William Blackwood and Sons, 1933, p. 9.

对期刊《心》(*Mind*)以经验论为主导的做法表示不满，塞斯与霍尔丹(R. B. Haldane，1856—1928)于1881年一起策划编辑一本可与《心》相抗衡的期刊，终因多种原因而失败。其后他们把当时年轻的观念论者写的文章于1883年以《哲学批判文集》(*Essays in Philosophical Criticism*)为名出版。该文集一方面纪念一年前去世的格林，另一方面纪念康德的《纯粹理性批判》出版100周年。它也被认为是英国观念论运动的宣言，因为里面的诸位作者大多是英国观念论的主力，如鲍桑葵(Bernard Bosanquet，1848—1923)、索利(W. R. Sorley，1855—1935)、琼斯(Henry Jones，1852—1922)、里奇(D. G. Ritchie，1853—1903)等。①

1883年，塞斯获得南威尔士和蒙茅斯郡大学学院的哲学教席②，直到1887年。在这期间，塞斯两次受邀到爱丁堡大学作鲍尔弗讲座(the Balfour Lectures)。其中第一系列讲座结集为《苏格兰哲学》，该讲座于1883年讲授，1885年出版(1889年出版第2版，1898年出版第3版)，对康德知识论的处理占据了塞斯早期作品的大部分内容。③ 第二系列讲座即《黑格尔主义与人格》④，

① Cf. W. J. Mander, *British Idealism: A History*, New York: Oxford University Press, 2011, p. 7. See also Andrew Seth Pringle-Pattison, "Memoir", in G. F. Barbour ed., *The Balfour Lectures on Realism*, Edinburgh and London: William Blackwood and Sons, 1933, pp. 37-39.

② 南威尔士和蒙茅斯郡大学学院(University College of South Wales and Monmouthshire)，最初于1883年10月24日开始招生，并于1884年获得英国皇家许可证，所以《苏格兰哲学》第1版于1885年出版时，作者名字下面写的就是"南威尔士和蒙茅斯郡大学学院逻辑学与哲学教授"。因该校位于威尔士卡迪夫，所以相关文献也把这段时期称为塞斯的卡迪夫时期。该学校在历史上曾经历过多次重组和改名，1972年学校改名为"卡迪夫大学学院"(University College, Cardiff)。

③ Andrew Seth Pringle-Pattison, "Memoir", in G. F. Barbour ed., *The Balfour Lectures on Realism*, Edinburgh and London: William Blackwood and Sons, 1933, p. 32, n. 1.

④ Andrew Seth Pringle-Pattison, "Memoir", in G. F. Barbour ed., *The Balfour Lectures on Realism*, Edinburgh and London: William Blackwood and Sons, 1933, pp. 48-51.

于1886年冬季讲授，1887年出版(1893年出版第2版)。《黑格尔主义与人格》与《苏格兰哲学》两书在方法上有较大的差别，前者具有论战的特点，这在塞斯以前的作品中是没有的。[①] 第三系列讲座为《论实在论》，于1891年讲授，讲稿在塞斯去世两年后的1933年才正式出版。塞斯1887年秋从南威尔士和蒙茅斯郡大学学院转到圣安德鲁斯大学(University of St. Andrews)，任逻辑学、修辞学和形而上学教授，在那里讲授密尔的《逻辑学》、康德的《纯粹理性批判》以及相关的哲学史等。[②]

1891年，塞斯转到爱丁堡大学，接替他的导师弗雷泽，任逻辑学和形而上学教授，直到1919年。在1897年，塞斯出版了两本书，即《有神论两讲》(*Two Lectures on Theism*)和《人在宇宙中的地位》(*Man's Place in the Cosmos*)，其中前者是塞斯在美国普林斯顿大学的讲演稿。[③] 1898年，塞斯因继承了普林格尔(Pringle)家族在苏格兰边陲的地产而获得了一个新姓氏，即普林格尔-帕蒂森(Pringle-Pattison)。[④] 后世文献也多以普林格尔-帕蒂森来称呼塞斯。1910年，塞斯被任命为阿伯丁大学(University of Aberdeen)吉福德讲座教授(Gifford Lecturer)，其中1912—1913年的讲稿被认为是塞斯最重要的作品，即《基于新近哲学论

① Andrew Seth Pringle-Pattison, "Memoir", in G. F. Barbour ed., *The Balfour Lectures on Realism*, Edinburgh and London: William Blackwood and Sons, 1933, pp. 51-52.

② Andrew Seth Pringle-Pattison, "Memoir", in G. F. Barbour ed., *The Balfour Lectures on Realism*, Edinburgh and London: William Blackwood and Sons, 1933, pp. 64-65.

③ Andrew Seth Pringle-Pattison, "Memoir", in G. F. Barbour ed., *The Balfour Lectures on Realism*, Edinburgh and London: William Blackwood and Sons, 1933, p. 77.

④ Andrew Seth Pringle-Pattison, "Memoir", in G. F. Barbour ed., *The Balfour Lectures on Realism*, Edinburgh and London: William Blackwood and Sons, 1933, pp. 83-84.

上帝理念》(*The Idea of God in the Light of Recent Philosophy*)。[①] 塞斯后来还于 1922 年出版了另一部讲稿《不朽的理念》(*The Idea of Immortality*)[②]，并于 1930 年出版了《宗教哲学研究》(*Studies in the Philosophy of Religion*)，翌年去世。

二、《黑格尔主义与人格》的基本内容

正如上述，《黑格尔主义与人格》是塞斯于 1886 年冬季在爱丁堡大学所作的第二系列鲍尔弗讲座，它与第一系列讲座具有连续性，塞斯在第 1 版前言中就明确说，《黑格尔主义与人格》接续着《苏格兰哲学》最后一讲(题为"哲学作为体系的可能性：苏格兰哲学与黑格尔")所提出的问题，即"个体的本性"。塞斯在第 1 讲中也以对这两个系列讲座的连续性开场，他强调《苏格兰哲学》和《黑格尔主义与人格》都以经验主义为敌人。(第 1 页[③])他以休谟的感觉原子论(the sensational atomism)为经验主义的代表，《苏格兰哲学》的副标题就是"比较苏格兰人和德国人对休谟的回答"。[④] 众所周知，休谟的"在人性科学中建立的第一条原则"就是：一切观念都来自简单的感觉印象。在系统的经验研究中，休谟从对知觉经验的分析开始，他将知觉分为印象和

---

① Andrew Seth Pringle-Pattison, "Memoir", in G. F. Barbour ed., *The Balfour Lectures on Realism*, Edinburgh and London: William Blackwood and Sons, 1933, pp. 116-123.

② Andrew Seth Pringle-Pattison, "Memoir", in G. F. Barbour ed., *The Balfour Lectures on Realism*, Edinburgh and London: William Blackwood and Sons, 1933, pp. 140-141.

③ 此页码为《黑格尔主义与人格》第 1 版原文页码，即本译本边码。译者序言中凡引用该书的地方，都只在引用文字后面加页码，不另以脚注注明，下不赘述。

④ 在《苏格兰哲学》第 2 版的前言中，塞斯最后重申，《黑格尔主义与人格》在某些方面构成了《苏格兰哲学》的补充。

观念，印象又可以分为简单印象和复杂印象，观念也分为简单观念和复杂观念。其中简单印象和简单观念分别是印象和观念的最小单位，复杂印象和复杂观念分别由简单印象和简单观念复合而成："我们的全部简单观念在初出现时都是来自简单印象，这种简单印象和简单观念相应，而且为简单观念所精确地复现……简单的感觉印象是知觉中最原始的、不可再分的最小单位，一切复杂的知觉都是由简单的感觉印象组成的。"[①]休谟也认为，知识可分解为事件(event)，而所有事件是"完全松散且分离的"。不论在各种物体活动的个别实例中，还是在心灵对身体的作用中，我们都无法找到必然联系："我们根本就没有联系的观念或能力的观念，这两个名词不论用在哲学推理或日常生活中，都是绝对没有任何意义的。"[②](第8—9页)

在《苏格兰哲学》中，塞斯主要是比较苏格兰哲学家托马斯·里德(Thomas Reid，1710—1796)与德国哲学家康德对休谟的怀疑论经验主义的批判。里德是18世纪苏格兰启蒙运动时期哲学家，苏格兰常识学派创始人，他接替了亚当·斯密在格拉斯哥大学的道德哲学的教授职位(1764—1780)，他反对休谟的怀疑论经验主义，主张"常识哲学"，认为休谟的怀疑论与常识不相容，因为人类的行为和普通的语言两方面都已提供了足够的证据支持物质世界的存在，以及在不断变化中个人特性的存

---

① 休谟：《人性论》，关文运译，商务印书馆1980年版，第13—19页。参见周晓亮主编：《西方哲学史》(学术版)，第四卷，江苏人民出版社2004年版，第421—423页。

② 休谟：《人类理智研究》，吕大吉译，商务印书馆1999年版，第65—66页。

在。[1] 塞斯指出，在《黑格尔主义与人格》中他要接着《苏格兰哲学》继续围绕康德的知识论（如范畴和思维形式的主体性、知识相对性、自在之物等）展开，同时进一步展开《苏格兰哲学》最后关于黑格尔主义的批判。

除了结语外，《黑格尔主义与人格》共6讲，其中前两讲分别以康德（和新康德主义）与费希特为主题，其余几讲都以黑格尔为主题。因此在结构上，本书与塞斯之前的《从康德到黑格尔的发展》类似。但需要注意的是，塞斯关于康德、费希特和黑格尔的论述是在格林、布拉德雷和凯尔德等人的英国观念论语境中展开的，因此具有明确的问题意识，并非一般哲学史性质的著作。

（一）

在第1讲开场中，塞斯强调《黑格尔主义与人格》是要"批判地考察康德的德国后继者们依靠他的诸根基而建立起来的观念论，当前它在德国由一些往往被称为新康德主义者或英语世界黑格尔主义者的学者们所代表"（第2—3页）。后半句也表明塞斯是在当时的新康德主义或英国黑格尔主义争论语境中展开相关分析的，塞斯特别提到了格林，将其作为英语世界黑格尔主义的代表，并概述了格林的主要观点："他整个体系的核心在于声称，自我或精神原则对于知识的存在和道德的存在都是必需的。联系与统一原则表现在感觉殊相上，单这一点就使某种宇宙或理智世界成为可能，而且这同样是对伦理学作为一种行动

① 里德重要的著作有《探讨人的心灵》（1764）、《论人的理智能力》（1785）以及《论人的行动能力》（1788，中译本见《论人的行动能力》，丁三东译，浙江大学出版社2011年版）。

准则体系的唯一解释。”（第 3—4 页）自我或精神原则就是“一个普遍的或神圣的自我，这种自我以某种方式存在于每个个体中，并起能动作用”（第 4 页）。塞斯认为格林在这个问题上的阐述比较模糊，而且没有阐述神圣的自我与人的自我之间的关系，尤其是这两种自我的同一。格林在这些问题上存在不足，是因为他以从黑格尔体系出发对康德哲学的解释作为理论资源。可以说，对这两种自我及其关系的论述，尤其是研究“自我概念在康德及其后继者思想中的产生和发展”恰恰构成了《黑格尔主义与人格》的线索与核心问题。在自我这个问题上，黑格尔与以格林为代表的英国绝对观念论成为塞斯所批判的对象，而第 1 讲和第 2 讲关于康德和费希特的论述都主要是为展开这种批判所做的铺垫。

在第 1 讲关于康德和新康德主义的部分，塞斯指出，在反对休谟的感觉原子论中，康德强调“知识永不可能从作为感觉的感觉中产生”，并提出了某些“综合或理性联系的主要原则”（第 8 页），这就是康德的知识论所强调的时间、空间、其他诸范畴以及先验统觉综合等。在这方面，塞斯同意康德的主张。与统觉相关的“某种永久的认知主体的必要性”被塞斯看作康德哲学以及随后观念论的核心立场，这成为塞斯第 1 讲讨论的重点，也是塞斯与费希特、黑格尔、格林等人的争论焦点。在塞斯看来，康德在这里的一个核心概念就是自我，康德称之为“知性的一切运用的最高原则”①，自我还被称为“统觉的综合统一性”或“自

① 参见康德：《纯粹理性批判》，邓晓芒译，杨祖陶校，人民出版社 2004 年版，第 91 页。

我意识的先验统一”[①]（第 12—13 页）。“综合的”意味着，认知的终极事实是某个意识到诸感觉的自我或主体。“先验的”意味着，先验的自我不同于经验性的自我。经验性的自我是“以时间形式存在的内感官的事情”，也被称为“经验性的统觉”，相当于内省，是经验性的心理学的研究对象。[②] 而先验的自我，也被称为纯粹的统觉（我思）、统觉的统一，伴随我们的一切表象，将概念和直观在知识中结合起来。康德整个的哲学论证方法被称为先验论证或先验方法：一方面，先验论证不是要超越经验，因此感觉殊相不能被分离开来，否则会导致休谟那里抽象殊相的谬误；另一方面自我共相也不能被分离开来，否则会导致抽象的或空洞的共相。也就是说，康德的先验哲学是“内在的”，即“完全限定在可能经验范围之内”。[③]

塞斯正是从这种先验方法及其内在观点出发批判康德一些论述的不一贯以及以格林为代表的英国绝对观念论者。比如他认为当康德“把空间和时间的范畴和形式说成是特别属于主体的，并且由主体强加给某个异己物质之上”时，这就把自我实体化了（第 17 页）。他也认为，康德对质料和形式的区分“超出可能的经验界限，把主体和客体看作两个有因果联系的实体，在知识之外，它们通过相互作用而产生知识”（第 18 页）。在这个问题上，塞斯的观点是：“自我只有通过世界才存在，世界也是

① 对此可以参见《纯粹理性批判》第二版第 17 节的相关内容（B 136—137）。

② 可以参见《纯粹理性批判》第一版中的相关内容（A 107），同时可以参见第二版中的部分段落（B 132）。

③ 康德：《纯粹理性批判》，邓晓芒译，杨祖陶校，人民出版社 2004 年版，第 260 页。

通过自我才而存在，这远远不是一种说法，我们可以同样正确地说，自我就是世界，世界就是自我。自我和世界只是同一实在的两个方面；它们是从两个相反的角度来看的同一个理智世界。"（第 19—20 页）基于先验方法的内在特征，塞斯批评格林"将康德的知识论转变成一种存在形而上学，一种绝对哲学"，这种形而上学、绝对哲学也是当时大多数英国新黑格尔主义者立场的核心（第 21 页）。[①] 其中争论的焦点又在于对"先验自我"的不同理解。

曼德尔在《英国观念论史》第四章中主要讨论了三个核心体系，即分别由格林、布拉德利和凯尔德三人所阐发的形而上学。因为塞斯主要针对格林的绝对形而上学，因此在这里需要概述一下格林在《伦理学绪论》中的相关形而上学主张。格林的绝对形而上学由几个核心概念以及由这几个概念构成的命题组成。这些概念是：实在、关系、世界、心灵等。这些命题是："实在由诸关系构成""世界是一个由相互关联着的诸要素构成的单一和永恒的体系""诸关系是心灵的活动""实在在本质上依赖于心灵""涵摄一切的永恒意识的经验构成实在整体""我们的知识是涵摄一切的永恒意识的经验的一个环节"。[②] 根据曼德尔的分析，格林的"心灵"与康德的"先验的统觉统一"以及黑格尔的"精神"概念密切相关。正是由于赋予了心灵一种本质性地位，才使得

① 正如曼德尔所讲，"英国观念论哲学的最典型标志之一是它赋予形而上学问题以核心地位"，且大多数英国观念论者持一种独特的形而上学世界观，即绝对哲学（the philosophy of the Absolute）、绝对形而上学（the Metaphysics of the Absolute）或绝对观念论形而上学（absolute idealist Metaphysics）构成了英国观念论的一种家族相似性。参见 W. J. Mander, *British Idealism: A History*, New York: Oxford University Press, 2011, p. 89。

② W. J. Mander, *British Idealism: A History*, New York: Oxford University Press, 2011, p. 89.

格林等人是观念论者，而非唯物论者：虽然唯物论者也强调关系、世界是由相互关联者的因素构成的，但否认关系是心灵的活动所造成的，而认为关系是客观存在的。格林也区分了两种心灵，一个是我们个体的心灵，一种是涵摄一切的永恒意识，只有后者才真正构成了实在，因此实在所依赖的心灵是指这种涵摄一切的永恒意识，而非我们单个人的心灵。这个永恒意识就是格林的统一原则、精神原则。

格林强调，实在、关系等决定于心灵，是理智活动的产物。格林主要是从关系与心灵之间的联系入手去讲的，即关系要通过概念或观念的活动来构成，关系是“心灵的活动”，关系是观念性的或精神性的，由此推出实在以及作为整体的实在也是心灵、精神、理智的活动的产物。自然以精神的原则为基础。因此在实在、关系和心灵之间的关系问题上，格林的命题是：“唯有通过心灵，构成实在的诸关系才能存在。”①

格林的“永恒意识”(是一切实在包括诸如我们自身的有限经验的基础)对应着黑格尔的“绝对”“世界精神”，它通过万物来显示自身。但曼德尔也强调格林的论证(除了上面那些之外，还强调了创造诸关系的自我，这些关系建构实在的经验，并使其成为可能)与康德在先验演绎中关于统觉的统一的论证有关。因此格林对“永恒意识”的分析就存在两个论证，一方面是黑格尔的绝对、世界精神，另一方面是康德的自我、先验演绎、统觉统一。就后者而言，格林的“永恒意识”与康德的先验统觉的统一

① W. J. Mander, *British Idealism: A History*, New York: Oxford University Press, 2011, p. 92.

性类似，它提供诸范畴，我们用这些范畴来统一和建构我们的经验，永恒意识使经验得以可能。[①] 或者说，经验的秩序和关系来自一个持续存在的先验主体，心灵或精神既创造了关系诸项，也创造了诸关系。曼德尔指出对心灵(意识)的两种理解，一是把心灵理解为经验性的自我、行动者，二是把心灵理解为一种“进行统一的原则”。在曼德尔看来，格林以及很多英国观念论者否定第一种理解，而主张第二种理解，这种统一原则即自我或精神的原则，即普遍自我或神圣自我，它与康德的统觉的先验统一联系起来。也就说，格林的永恒意识(或永恒自我、普遍自我、神圣自我)、心灵与康德的先验演绎中统觉的先验统一论证直接相关。

正是在格林关于“永恒意识”的两条论证思路这里，塞斯与格林产生了冲突，他批判格林用黑格尔的绝对哲学来解读康德的先验自我：“它被后来的思想家(特别是英语世界的新康德主义者)作为一种普遍的或绝对的自我意识，或者用更简明的话来说，它被作为某种永恒的神圣主体，宇宙是依赖它而存在的。”(第 23 页)在这个问题上，塞斯接受的是鲍尔弗对格林知识形而上学批判的观点：“我们必须要承认，说‘自然创造心灵’与说‘心灵创造自然’一样正确；说‘世界创造神’与说‘神创造世界’一样正确。”[②]用塞斯的话来说，自我和世界“一起存在，或者都

① W. J. Mander, *British Idealism: A History*, New York: Oxford University Press, 2011, p. 94.

② Arthur James Balfour, “Green's Metaphysics of Knowledge”, in *Mind*, Volume 9, Issue 33, 1884, pp. 73-92. 这篇文章的讨论对象就是格林的《伦理学绪论》，上述引文所在的语境是他正在分析格林的“关系理论”。

不存在；如上所述，它们是作为同一事实的两个方面而存在的”（第 24 页）。塞斯认为，康德的先验逻辑或关于知识的先验理论是一种抽象研究，这种方式和研究结果都具有一般或抽象的特征，“先验逻辑处理可能的意识，或一般意识，只要它仍是某种‘一般的东西’，这种处理当然就是一种纯粹抽象”（第 28—29 页）。这种抽象研究只能讨论“某个单一自我或逻辑主体”，而非“任何实在的认知者”，也就是说塞斯认为要区分“关于类型的逻辑同一性”和“关于存在的数的同一性”，前者属于逻辑，后者属于形而上学。在塞斯看来，以格林为代表的新康德主义恰恰犯了将二者混淆或等同起来这个错误，即“把知识概念等同于一个实在的认知者……我们所面对的是唯一主体，它维持着世界，且是一切有限的理智生物中的实在的认知者”（第 29—30 页）。在塞斯看来，这种做法就是把纯粹自我（从单个认知者抽象出来的东西）实体化为一种自存的实在，即格林那里的“某种永远完满的意识”“永恒意识”。这与经院哲学唯实论把人性或人（*humanitas* or *homo*）实体化为一种普遍的实体类似，这样的结果是他们都把个别、个体、单个人（个别实体）贬低为偶性（the accidents）。①

因此塞斯强调要区分知识论与形而上学，并借鉴费里尔（J. F. Ferrier）的《形而上学原理》指出：“知识论的真正作用在于，它排除了自在之物和自在自我（the Ego-in-itself），即单纯的客体和单纯的主体，并因此证明了如下论断的正当性：所有我们能够赋予

① 参见黄裕生主编：《西方哲学史》（学术版）第三卷，江苏人民出版社 2005 年版，第 565—566 页。

意义的存在必须是为我的存在，或者也许可以用其他方式表达，唯一真正的存在是诸自我(selves)，即以更高方式或更低方式拥有与我们身上我们所称的自我意识类似的东西的诸存在者。”(第32页)也就是说，“知识论的作用主要必定是否定性的或间接性的，即它排除某些不被允许的解决方案，而非自己为我们提供一套现成的解决方案”(第32页)。而如下问题则是形而上学或本体论问题：“究竟是存在一个自我(one Self)，还是存在很多自我(many selves)？如果两者都存在，那么这一与多之间的关系如何?”(第32页)在这个意义上，塞斯一方面称赞康德赋予知识论的批判态度和先验方法，并强调康德不会同意把先验自我理解为神圣的自我意识，但另一方面塞斯也明确指出康德的自在之物学说在根本上是错误的。

(二)

塞斯认为，“费希特是第一个将康德知识论转变为一种绝对的形而上学的人”，对此的具体分析构成第2讲的主要内容——塞斯也强调，因为“直接以康德为基础，费希特的建构在某些方面与诸如格林这样的新康德主义者的建构更相似，而不是与后来不易理解的黑格尔体系相类似”(第39页)。费希特一方面直接以康德为基础，另一方面则与康德存在很大的差异。这种差异直接体现在康德对费希特知识学的看法以及费希特的反应中。康德于1799年8月7日写了《关于与费希特知识学关系的声明》，并发表在8月28日耶拿《文汇报》上。他在里面提道：“我把费希特的知识学看作完全站不住脚的体系。因为纯粹的知识学不多也不少，恰恰就是单纯的逻辑(bloße Logik)。单纯逻辑的原则并不涉及认识的质料，而是作为纯粹的逻辑，把认识的内容抽象掉。要从纯粹的逻辑中提炼出现实的客体，是一件白费力气的工作，因而从来也没有人尝试过。相反，在先验哲学起作用的地方，人们必须首先超越到形而上学。”[①]费希特对康德这份声明的反应可以参看他于 1799 年 9 月 12 日给谢林的信，他认为：“康德在辛劳一生步入高龄之际感到自己无力再深入到崭新的思辨领域中去了……康德自己在那个说明中善意而公正地表示，他只是无意于参加新的研究，他与那些研究的任何战果无关……按照我的语言习惯，知识学这个词根本不标志逻辑学，而是标志着先验哲学或形而上学本身。这样我们的争论只是语词上的争论。”[②]

塞斯从费希特对独断论(最常见的形式是唯物论)与批判论(有时称为观念论)的区分中指出费希特对自我的高扬。独断论从自在之物出发，自我、理智等都是自在之物的产物，这样的哲学是超验的，即超出自我以外，自我成为偶性或附属物；批判论或观念论从自我出发，这样的哲学是内在的，即一切都被置于自我以内。(第 42 页)[③]也就是说，在费希特那里，“自我是

① 《康德书信百封》，李秋零编译，上海人民出版社 2019 年版，第 300 页；*Kant's gesammelte Schriften*, herausgegeben von der Königlichen Preußischen Akademie der Wissenschaften, Band 12, Berlin und Leipzig, 1922, S. 370。

② 费希特：《行动的哲学》，洪汉鼎、倪梁康译，译林出版社 2013 年版，第 216—217 页；*J. G. Fichte-Gesamtausgabe*, III, 4 (Briefwechsel 1799–1800), herausgegeben von Reinhard Lauth und Hans Gliwitzky, Stuttgart-Bad Cannstatt: Friedrich Frommann Verlag (Günther Holzboog), 1973, S. 75–76.

③ 参见费希特：《全部知识学的基础》，载《费希特文集》，第 1 卷，商务印书馆 2014 年版，第 531 页；*Johann Gottlieb Fichte's sämmtliche Werke*, herausgegeben von I. H. Fichte, Band 1, Verlag von Veit und Comp., 1845, S. 119–120。

第一性的、不容置疑的事实”(第 42 页)，“自我是绝对命题、自我设定或自我确认”(第 44 页)。

塞斯进一步考察了费希特对纯粹自我(或绝对自我)与个别自我(或经验自我)的区分。在费希特那里，绝对设定或自我创造意义上的自我是纯粹自我或绝对自我，而非个别自我或经验自我。[①] 塞斯指出，费希特的区分虽然直接来自康德，但与康德的理解有了很大差别：“绝对自我只是康德的统觉的先验统一性；但现在费希特已经把这种统一性与宇宙的核心创造性思维等同起来了。在康德那里，纯粹的自我是人的思维功能，它产生了现象世界的形式，而且只是形式，但对费希特来说，纯粹的自我已经成为一个绝对世界的绝对创造者。”(第 46—47 页)塞斯指出，我们要在这种实践哲学的意义上去理解费希特的知识学。如“只有通过非我，作为这一阻碍，自我的实践活动才能得到实现”(第 48 页)。塞斯详细分析和批判了费希特的这种“阻碍”(Anstoss)理论。费希特所坚持的是一种实践的观念论，这种观念论的特征是：“它不是着眼于事物产生的根源，而是着眼于它们的目标或命运，并非规定它们存在什么，而是规定它们应当存在什么。”(第 52 页)[②]关于有限的自我，费希特认为：“有限的、努力的自我构成了现实存在的总和，外部世界只是他们的道德行动的材料或领域。当然，有限的自我的努力是由于每个人都有某种道德命运的理想。这种理想是整个斗争的动力，它永远或永无止境地向前进。”(第 53 页)但这里的问题在于，这种

① 参见《费希特文集》，第 1 卷，商务印书馆 2014 年版，第 506 页。

② “我们的唯心主义不是独断的，而是实践的；不是规定了存在什么，而是规定了应当存在什么。”(《费希特文集》，第 1 卷，商务印书馆 2014 年版，第 570 页)

道德理想（“我们的绝对存在的理念”或“自我的理念”）不是现实的，因为它的实现意味着对立的消失和努力的停止。

塞斯指出，费希特逐渐放弃使用“自我”这个术语，比如在1801年他用“绝对”（the Absolute）取代了“绝对自我”，这种绝对是“主体和客体的同一”，用谢林的说法就是“主体和客体的无差别的点”，这也提供了关于现实世界的一种形而上学基础或来源（第57页）。在塞斯看来，如果费希特之前的哲学体系是一种颠倒的斯宾诺莎主义（用“绝对自我”取代“实体”），那么费希特现在的哲学体系则又回到了纯粹的斯宾诺莎主义（费希特的“绝对”就是实体）。在塞斯看来，这是费希特把康德那里的先验自我等同于某种神圣自我或创造性的自我的必然结果，先验自我不再是康德那里的“一般思维的逻辑统一性”，而成了一种形而上学上的绝对自我，一种实体，它具有“在杂多的人类个体方面的创造功能”（第58页）。格林的精神原则与此一致。塞斯一方面承认费希特的这种观念的重要意义，另一方面也指出其存在的致命问题，即“如果它被作为一种形而上学来认真对待，它将使上帝和人都丧失实在的存在”（第61页）。这应该是塞斯最为反对费希特以及以格林为代表的英国绝对观念论的原因。在这种形而上学中，经验性的自我不是实在的和完整的人，他只是神圣自我的一个对象，这就彻底“抹去了个体的自我性（selfhood）和独立性”（第63—64页）。塞斯在这里也提出了他自己在自我问题上的肯定性主张：“实在的自我是完整的、不可分割的，而且在每个体身上都是独一无二的。”（第64页）这显然也是他的人格观念论的核心命题。

当然塞斯也注意到了费希特晚期思想的转变，尤其重点考察了费希特在《意识的事实》（*Thatsachen des Bewusstseins*）中的相关思想，比如把“生命”（或“普遍的生命”“知识”“绝对知识”“普遍思维”等）作为在先的东西（第 66 页）。这种统一的生命通过自我收缩而造就和产生了个体，而且这种自我收缩采纳的是“个体化行动”（actus individuationis），只有以个体形式才能有行动，“只有在个体形式中，生命才是实践原则”（第 66—67 页）。与费希特之前体系中经验性的自我与“绝对”的关系类似，只有这种统一的生命是创造性的、保持不变的和自为存在的，个体只是这种“统一的生命”的“一个偶然形式”（第 68 页）。塞斯指出费希特这种理论体系与黑格尔的思维体系的类似性。塞斯还提到，在这种新的理论体系中，存在一种特别的上帝学说，上帝是“绝对的、自为的，它不进入[世界][1]过程之中，且从未成为现实；对于它，除了说它存在之外，我们绝对不能再说其他的了”（第 71 页）。绝对知识或普遍思维依赖这种上帝，“上帝为其客体，但它不需要主体或承载者，它本身通过自我集中这一过程产生个别主体。空洞的自我最终消失了”（第 72 页）。在这种意义上，这种上帝学说是费希特对其早期体系进行批评和修改的结果。

（三）

在第 3 讲开始，塞斯从谢林的作为“无差别的同一”的绝对出发引出黑格尔的命题，即有差别的同一，以及实体即主体。

---

① 方括号表译者补充内容，正文部分同。

塞斯强调，对主体的强调是黑格尔与费希特早期的自我概念在思路上的类似之处，但二者的差别在于，费希特的自我没有与自然事实和历史事实关联起来，是空洞抽象的建构，而黑格尔基于发展的概念把自我意识、主体或精神与宇宙的发展过程关联起来，“由此把它视为精神的发展或‘生成’过程”，自然事实和历史事实都是精神自我发展的诸阶段（第 81 页）。这样的绝对是“结果加其产生过程”，开端与终点是一样的。因此塞斯强调，黑格尔通过这种发展观改造了费希特的抽象自我，也对谢林作了明显的推进，这种推进类似于亚里士多德在“目的”方面对柏拉图的推进。

塞斯也强调了黑格尔的逻辑学与康德的先验逻辑之间的重要关系：“黑格尔的逻辑学不外乎对康德的范畴表的一种扩展，一种完成和校正。”（第 84 页）他高度评价黑格尔的逻辑学相对于康德先验逻辑的优点，后者带有主观偏见，而前者“是在没有任何前见的情况下对思维之性质的分析，是我们的概念或范畴自己所做的审查，以期准确地规定它们并确定它们之间的相互关系”，因此黑格尔的逻辑学是对诸范畴的一种内在批判（第 85—86 页）。在这一讲的其余部分，塞斯仔细考察了黑格尔的逻辑学与经验之间的关系，即黑格尔的逻辑学从开端（思维的最抽象事实）到终点（自我意识概念或思辨知识概念）的进展过程和整个程序是完全无预设的，还是进展的每一步都受到经验条件的限制。通过借鉴特伦德伦堡（Friedrich Adolf Trendelenburg）对黑格尔逻辑学的批评，塞斯也认为黑格尔的逻辑学进展其实受到经验条件的限制，“辩证的进程实际上依赖于主体自己从其经验中所获得的更丰富的知识”，“表现的顺序总是与思维的实际顺序(我们通过这种顺序达到诸结果)相反”(第95页)。塞斯说：“每个范畴，即对存在或关系的每一种描述，都必然是来自我们自己本性和我们自己经验的眷本……所有的存在模式和行动形式都必然是由我们根据自己的生活来建构的。”(第97页)在这个意义上，塞斯倡导一种批判的拟人论(Anthropomorphism)[①]，这种拟人论不是“将我们个人丰富的生活转移给自然力量”，也不是“把上帝完全变成我们自己的形象”(第97页)。因此，塞斯一方面与黑格尔一样“接受自我意识作为思维的终极范畴”，通过这个范畴来思考宇宙，但另一方面又与黑格尔不同，强调这个概念“只是黑格尔从他自己的自我意识经验的事实中得出的”(第98页)。塞斯批评黑格尔把如下两种本质上不同的立场捆绑在一起：“宣称绝对自我意识在形而上学上的必然性是一回事，宣称某种哲学体系中绝对知识在当前的实现是另一回事。”(第100页)

塞斯在第4讲中主要考察逻辑学与自然哲学和精神哲学的关系(即逻辑与实在之间的关系)，这尤其涉及“绝对理念”与“绝对精神”之间的关系以及逻辑学向自然的过渡等。塞斯一开始处理“绝对理念(《逻辑学》在这里达到顶点)与绝对精神(黑格尔以此来结束一般的哲学记录)之间”的关系。(第101页)他指出，一方面《逻辑学》因只处理范畴或逻辑上的抽象物而是一种逻辑学，而精神哲学(以及自然哲学)则因处理实在而是一种形而上学或本体论，在这个意义上二者是有差别的；另一方面，

① 中文学界对“Anthropomorphism”有不同翻译，比如“拟人论”“拟人说”“神人同形同性论”等，对此可参考尼古拉斯·布宁、余纪元编著：《西方哲学英汉对照辞典》，人民出版社2001年版，第54页。

黑格尔把二者混淆起来，提供了一种作为形而上学的逻辑学。可以说，这种把逻辑学与形而上学等同起来的做法是以格林为代表的英国绝对观念论形而上学的特征，也正是塞斯所要批判的。塞斯以逻辑学向自然的过渡为例详细说明这一点。这种绝对哲学就是要“从抽象思维或单纯的普遍物来构建世界……思维从其自己的抽象性质中产生出事物的实在性”（第 111 页）。在塞斯看来，黑格尔的体系与柏拉图的理念论之间具有诸多类似性：“柏拉图理念论的显著特点是，它是整全的体系家族的一类，黑格尔的体系也是如此，我认为它努力从纯形式或抽象思维中来建构存在或生命。柏拉图对感性之物的整个论述就是给那些作为具体例子的一般观念命名；黑格尔对自然的整个论述则是，自然是逻辑学抽象范畴的一种反映或实现。”（第 115 页）

在分析黑格尔逻辑学的“存在”概念时，塞斯显然强调经验直观的基础地位，即对存在的任何陈述“必须最初是根据一些直接的确信和一些直接的经验予料（datum）而作出的……思维不能创造实在之物；思维只能表述它所发现的东西。我们只有通过对我们自己的存在的直接确信、直观或感受，以及通过我们自己对其他人和物的确信、直观和感受，我们才知道真有一个世界存在”（第 118 页）。显然，塞斯的这种思路与马克思在《黑格尔法哲学批判》中对黑格尔逻辑学的批判是类似的。塞斯也在这一讲的后半部分详细考察了黑格尔对自然的解释，并基于上述思路而批判黑格尔的解释既不可信也不充分。在这里，塞斯多次表达了个别（the individual）的实在性：“只有个别的东西才是实在的……个别的东西不能被思维用同一标准来衡量或达到。”（第

129—130 页）在批评黑格尔的自然哲学时，塞斯还强调了自然事物的纯粹事实性（matter-of-factness）以及某些事物之间的无逻辑（alogical）特征，也就是说不能完全把不同事物之间以及事物的不同属性之间还原为逻辑关系："例如，玫瑰的气味与它的形状之间有什么逻辑联系？或者橘子的味道与它的颜色之间有什么逻辑联系？这些属性结合在一起，这是事实，但任何推理过程都不可能使我们从一种属性推出另一种属性。"（第 134 页）这里其实强调的是偶性之间的异质性，而黑格尔仅仅通过"偶然性"来回避和掩盖了问题。比如塞斯提到："黑格尔的例子由于具有特别不重要的性质，所以它往往掩盖了这样一个事实，即他所说的偶然性与整个实存的范围是共通的。因此，展现出偶然性的不仅仅是我的'一时触发的奇想'，而是我的整个思想过程（被看作时间里的一种事件进程），也就是说，我的整个主观的或个别的经验。"（第 136 页）在塞斯那里，只有个别或个体才能作为宇宙逻辑进程的中心。

在第 4 讲增补中塞斯对比了康德和费希特与黑格尔在实存问题上的重大差别。简而言之，在塞斯看来，康德和费希特都比黑格尔重视实存的被给予性和基础性。康德和费希特都强调感受（feeling），感受被康德作为一种单纯的事实，费希特则强调在感受中我们"触及坚实的基础，并获得我们整个结构的一种基础"（第 143 页）。塞斯详细考察了费希特在《人的使命》中的相关观点，并指出费希特"强调实在在本质上的被给予特征——即使在他最早的著作中也是如此。如果我们一定要认识它的存在，它就必须成为活生生的或被经验的（be lived or experienced）；我们与它的关系必须是直接意识或感受的关系。知识之后可能会把这种予料纳入它自己的形式，但知识对实在总是处于这种依赖或寄生的关系”。（第 147 页）

塞斯在第 5 讲主要讨论的是黑格尔关于上帝和人的理论。在上帝的本性以及上帝与人的关系这个问题上，塞斯的基本判断是，黑格尔没有给出任何明确的答案，这种模糊性也是黑格尔去世后黑格尔派分裂的重要原因。而造成这种模糊性的原因则在于黑格尔的体系自始至终只处理一般（generals），而非具体存在；只处理一般自我意识，而非神圣的自我意识和人的自我意识；只处理一般精神，而非神圣的精神和人的精神。（第 151 页）黑格尔强调实存的整个历程是自我意识或精神的演进和最终完全的实现，而塞斯关心的是“在哪里实现或在谁身上实现”。黑格尔并未回答这个问题，塞斯认为只能回到普通经验来回答。这个问题在根本上仍是共相与个别之间的关系问题，塞斯所说的个别主义（individualism）与普遍主义（universalism）、无神论和泛神论（或无世界论）都可归结为这个问题。塞斯认为，在黑格尔体系中，上帝和人消失在逻辑的概念中，而且逻辑化的上帝和人在这种体系中代表了两条不同的思想路线，这两条路线相互交替但并没有真正达到统一。塞斯从《宗教哲学》文本详细讨论了黑格尔体系中的上帝概念。其中根本的是上帝（或绝对）与发展之间的关系问题，这其实也涉及上帝和世界之间的关系这个经典问题。塞斯指出，上帝（或绝对，或完满的自我意识）与构成世界进程的发展之间是通过在双重意义上使用“发展”这个术语来完成的，一种是时间中的发展，一种是“逻辑上必然但总与时间无关的转变”（第159页）。在黑格尔体系中，思想到自然的外化，以及在精神中的返回，这种进程主要是第二种意义上的发展。这种意义的发展要通过自我意识概念的实体化来达到，但塞斯再一次强调，“这种实存化的概念与由实在事物和实在的人所组成的世界之间没有沟通桥梁”（第162—163页）。而塞斯看重的是实在的事物、实在的人、实在的世界（或有限世界）和实在的发展，因此他一再强调要注意区分实在世界的进程与黑格尔哲学体系的逻辑进程（黑格尔在宗教哲学上所讲的神圣生命的永恒进程同样如此），前者“是一种处于时间中的实际进程，在这种进程中，一个阶段努力为另一个阶段做准备，并被它所替代”，而后者则“是一种永恒的或无时间的进程，在这种进程中，我们完全不是从一个时间点到另一个时间点的活动，而是分析一种概念的不同环节”（第168页），而且这两种进程之间实际上不存在真正的过渡，只能通过跳跃，因此是无法相互还原的。

在第5讲中，除了从《宗教哲学》文本考察黑格尔的上帝理论之外，塞斯还从《历史哲学》文本考察了黑格尔的历史理论（或人的理论）。在塞斯看来，黑格尔关于人类历史的论述代表了一种从实在世界的人出发的思路，可简称为人的思路，而上面的论述则可概括为上帝的思路。塞斯首先强调黑格尔对人类历史的理性把握的重要意义，即历史“这种过程被理解为最广泛意义上的自我意识生命的实现，这种生命在社会和国家等外部环境中得到实现，而且通过宗教和哲学获得一种主观的满足，这种满足来自对整个过程的合理性和自足的完整性的洞察”（第170—171页）。在《历史哲学》中，黑格尔看似要“将哲学融入历史中去，并将实际的历史过程的结果理解为哲学真理”，但塞斯指出，黑格尔企图“把时间上的实在过程与绝对自我意识的所谓永恒过程合在一起”，但这只能通过混淆两种意义的发展(时间上的发展与逻辑上的发展)来达到。塞斯坚持的是实在世界、时间上的发展，即“在最初的、现实的过程中，实际存在物是在时间上从一个阶段过渡到另一个阶段”(第 174 页)，因此这与上面对黑格尔的批判是一致的。与这两种发展相应，就会有两种不同的主体，即经验主体(人的主体)与逻辑主体(世界精神、神圣主体、普遍自我、普遍个体)。在塞斯看来，黑格尔试图用潜在-现实来统一这两种主体，使二者之间的差别消失，但在实在世界中处于潜在-现实中的同一个主体也是有实际差别的。塞斯显然更为关注的是实在世界中的经验主体，即“发展中不可计数的主体”(第 184 页)。这一点也构成了塞斯的人格观念论的主要内容。

在第 6 讲中，塞斯把前面所说的两种发展、两种主体归结为黑格尔自身就包含的两条思路：“一条思路从上帝的观念出发，黑格尔以新柏拉图主义的方式把上帝构建为一种达至统一的三位一体，但这不过是知识的观念，它被看作一种实在的存在。从这种被实体化的观念无法通向有限的世界事实。第二条思路则从这些事实出发，并把人类的历史发展看作绝对回到自身的过程。”(第 185 页)根据前面的论述，塞斯认为黑格尔对这两条思路的结合是不成功的，塞斯显然也更倾向于第二条思路，因这条思路更贴近实在，这也为后来的青年黑格尔派(包括马克思)所吸收。但塞斯也指出青年黑格尔派对黑格尔的第二条思路作了改造，即把绝对（或上帝）与人等同起来，这样造成的结果就是人被置于上帝的位置，准确点说，绝对哲学家成了上帝。这也就是我们所熟悉的后黑格尔时代的人本主义思路，以费尔巴哈、青年马克思等为代表。这同样也意味着"上帝死了"。在塞斯看来，青年黑格尔派从人（严格地说是哲学家）的角度把黑格尔的上述两条思路达成了一种统一，并把黑格尔的绝对观念论转变成了唯物论和感觉论。对此，塞斯特别以费尔巴哈和施特劳斯为例进行说明，但他的说明过于简略和概括。塞斯当然并不认同唯物论，因为在唯物论中人被看作"机械规律的偶然结果"（第 193 页），而他所主张的则是一种包含人格和属于人格的理想的观念论。塞斯再次回到发展和主体问题上强调，我们首先要否定黑格尔的如下规定：发展过程只有一个，主体只有一个。塞斯说，哲学、宗教、艺术和历史都只是人的产物，也就是说，要完全站在人的立场之上。（第 195 页）塞斯强烈批评了黑格尔对道德（"应当"）的批判，并认为黑格尔《法哲学》中的现实主义严重破坏了道德理想，阻碍了道德进步——塞斯赞扬格林在这个问题上没有跟随黑格尔，格林坚持一种"一种美德理想"（第 209 页）。塞斯花了不少篇幅分析黑格尔那句关于现实与理性的名言，即"凡是有理性的，都是现实的；凡是现实的，都是有理性的"[①]。塞斯不同意简单地把这些说法归于黑格尔在普鲁士国家中的地位和政治投机态度，而认为是"黑格尔思想的某一整体方面的真正结果"（第 200 页），即黑格尔思想中的经验主义思路的结果。塞斯认为，黑格尔思想中贯穿着柏拉图主义和经

① 黑格尔：《法哲学原理》，邓安庆译，人民出版社 2017 年版，第 12 页。

验主义两条思路(显然这就是这一讲开始时所提到的上帝的思路和人的思路),前者在《逻辑学》中占主导地位,后者则在《法哲学》和《历史哲学》中占主导地位,两条思路一起构成了黑格尔的绝对体系。正像前面一再批评的那样,塞斯说,“现实的东西与理想的东西并不重合或相互贯通,因此,体系的这两方面并没有被真正结合起来”(第 207 页)。当然这里涉及对英文词 reality 与德语词 Wirklichkeit、Dasein、Existenz 之间的理解问题,塞斯虽然注意到了黑格尔对这三个德语词的区分,但他仍是基于一般意义上的 reality 对黑格尔进行批判。最后塞斯再次批判了黑格尔的历史理论,认为里面存在着历史相对性(哲学无法超出其时代)与哲学绝对性之间的矛盾。塞斯表示完全无法接受黑格尔的没有未来的历史观和历史终结论,而且强调“终结不属于人类;我们不能摆脱不断流淌的时间之流,我们的生命就在里面度过……时间仍然是吞噬自己孩子的神灵,黑格尔的体系也不会例外”(第 213 页)。

(四)

在结语中,塞斯再次强调了他批评黑格尔的原因,即以格林为代表的新康德主义或新黑格尔主义对康德的自我理论的批判使用了黑格尔关于存在的论断(存在是自我发展的过程)。在某种程度上可以说,塞斯的整本著作都是在回应、修正和推进格林的观念论,其结果就是人格观念论。塞斯并未集中阐述他的人格观念论,这种新的观念论只是散布在他对康德、费希特、黑格尔和格林等人的论述中。在塞斯看来,黑格尔主义的根本错误在于将人的自我意识和神圣的自我意识等同起来且统一为一个单一的自我，即神圣的自我、普遍自我。与之相应，塞斯强调的是个体自我，这构成了他的人格观念论的基础，是贯穿整部著作的一条主线："我们每个人都是一个自我……我们为自己而存在，或者说我们是自己的对象……我们集主体和客体于一身……自我身份(selfhood)意味着，就我的存在的一个方面而言，我是普遍的，因为我把我的个体存在与其他生命的存在区分开来，而同时把二者都包括进一个共同的世界内。无论形而上学理论如何，每一个'自我'在这个意义上都是普遍的，并通过各种方式让这个特点体现在对自我的定义中……尽管自我身份涉及一种处于统一中的二元性，且可以被描述为主体—客体，但事实上每个自我都是一独特的存在，(如果允许如此说)相对于其他自我来说，它是完全不可渗透的(impervious)——这种不可渗透可粗略类比为质料的不可穿透性(impenetrability)。"(第215—216页)这里所言的"不可穿透性"应该是和亚里士多德哲学中形质论有关。[①] 显然，"不可渗透的"，是一种很强的说法，这使塞斯招致了无尽的批评，塞斯1887年12月给詹姆斯(W. P. James)的一封信中简短回应了这个问题："当你说'一个石头的本质最终是不可渗透的——即使是显然合理的'，你和我是完全一致的；当你试图设想'我们的人格在一种更高的意义上是不可渗透的，虽然它们内含于更高的精神中'，这次就轮到我与你

---

① 吉尔松在《中世纪哲学的精神》中讨论"位格论"时也提到这一点："假如我们承认在结合体里面有形式的统一性，则物质必定从形式那里接受了量和不可穿透性，但形式又必须由这个具有量和不可穿透的物质所个体化。"参见吉尔松：《中世纪哲学精神》，沈清松译，上海人民出版社2008年版，第164页。

完全一致了。我认为我已经在书中某些地方使用了非常类似的词语来表达我的意思。"[①]但塞斯在《上帝的理念》中被迫表示要对这个词进行严格限定。[②]

塞斯强调自我的排他性优先于其统一性，这种排他性代表了分离和分化。塞斯反对形而上学的普遍自我概念，他区分了自我在认识论和形而上学（或存在论）上的不同原则：认识论上的自我是一个统一原则，而形而上学（本体论）上的自我则是分离原则。这也就是为什么塞斯能接受康德的先验自我（统觉的先验统一），而不能接受费希特、黑格尔和格林的普遍自我、绝对自我，因为康德的先验自我是一种认识论上的自我，而后者的普遍自我是一种形而上学的自我。因此，塞斯就在形而上学层面构建了一种独特的自我观念论或人格观念论："我有一个属于我自己的核心，即一种属于我自己的意志，没有人与我共享它，或者没有人能与我共享它，甚至在与上帝打交道时我也保持着这个核心。因为，说我在这里抛掉——或能抛掉——我的人格，这是非常错误的。"（第 217 页）

塞斯也再次把新康德主义（以及费希特、黑格尔）普遍自我学说的论证比作经院哲学的唯实论在讨论个别和共相所采取的思路：类（或属）比个别更实在，而且先于个别（如人这个类比苏格拉底这一个别更实在，后者依赖和从属于人这个类），而类又从属于一个更高的种（比如人从属于生物），最高的是一种普遍存

---

① Andrew Seth Pringle-Pattison, "Memoir", in G. F. Barbour ed., *The Balfour Lectures on Realism*, Edinburgh and London: William Blackwood and Sons, 1933, p. 54.

② Andrew Seth Pringle-Pattison, "Memoir", in G. F. Barbour ed., *The Balfour Lectures on Realism*, Edinburgh and London: William Blackwood and Sons, 1933, p. 53.

在或实体，“所有现存的事物都是这种普遍存在或实体的偶性”（第 218 页）。在塞斯看来，实在论是一种泛神论，虽然有不同的实在论，如有的实在论把共相与个别相分离并把共相作为一种超验的存在，有的实在论则强调共相只存在于个别中，但它们的共同特征是在个别和类的关系问题持如下看法：“在诸个体中，类作为一个实体（entity），对所有个体来说是共同的，在每个个体中都相同，个体差异作为偶性附着于这种实体之上。”（第 219 页）这是塞斯的自我或人格观念论所不能同意的，他接受的是阿伯拉尔的说法：“只有个体存在，而且在个体之内除了个体之外什么也没有。”（第 219 页）塞斯强调：“如果谈论存在，那么实在的正是个体，而非普遍；实在的个体不是由类和偶性组合而成的东西，而是就个体存在最内在的结构（fibre）而言的个体。”（第 220 页）在这个意义上，在塞斯看来，黑格尔以及新康德主义者或新黑格尔主义者都与经院哲学中的实在论者一样混淆了逻辑或认识论与形而上学或本体论，即把康德那里认识论意义上的主体实体化为形而上学或本体论上的终极实在的思维者。黑格尔被认为是最高代表，他试图从单纯的共相来构建宇宙，事物的存在只被看作这些抽象概念的例证。塞斯强调，这种做法一方面试图把神圣的主体和人类主体统一起来，但另一方面又同时消除了神圣主体和人类主体的实在存在。塞斯并非要否弃神圣的存在、上帝，而是要在承认个体自我、人格的基础上为人的尊严和不朽、上帝、道德保留其高贵的位置。塞斯最后再次申说了他的道德观：“道德独立于对不朽的信念……道德的真正基础是为了善而善，为了美德而美德。”（第 228 页）

三、《黑格尔主义与人格》的影响

《黑格尔主义与人格》出版后，同是英国观念论者的里奇[①]在翌年(1888)4月于《心》上发表了一篇书评。[②] 在基调上，这份书评以批评塞斯为主。他在开篇引用了莎士比亚戏剧《裘利斯·凯撒》中凯撒被刺临死前所说的话“Et tu, Brute!”(你也有份，布鲁图!)，旨在批评塞斯背叛了格林及其开创的英国观念论。这种批评当然有点言过其实，因为现在比较公允的看法是，虽然塞斯的人格观念论确实批评和偏离了以格林、凯尔德为代表的第一代英国观念者的绝对形而上学，但仍属于英国观念论形而上学内部的发展。[③] 里奇强烈反对塞斯对格林的如下批评：“格林像黑格尔一样把知识中进行统一的原则神化，将逻辑学转换为形而上学或存在论。”[④]里奇反问，塞斯一方面接受康德的核心立场，另一方面又相信某种不同于先验逻辑或知识论的存在论或形而上学，这两个方面如何可能相容?

---

① 里奇与塞斯一样毕业于爱丁堡大学，比塞斯早4年毕业，之后进入贝利奥尔学院，在格林指导下学习，他是英国观念论者中较为强烈地维护格林和黑格尔哲学的人，也是英国观念论者中重要的评注黑格尔哲学的人，他将黑格尔的理念运用到了政治理论和达尔文的进化论中(参见 W. J. Mander, *British Idealism: A History*, New York: Oxford University Press, 2011, pp. 46, 256-267)，其代表作是《达尔文主义与政治学》(1889)、《国家干预原理》(1891)、《达尔文与黑格尔》(1893)、《自然权利》(1894)、《政治伦理与社会伦理研究》(1902)、《哲学研究》(1905)等。

② D. G. Ritchie, “Review of *Hegelianism and Personality*”, in *Mind*, 1888, Vol. 13, No. 50, pp. 256-263.

③ 参见 W. J. Mander, *British Idealism: A History*, New York: Oxford University Press, 2011, pp. 356-358。

④ D. G. Ritchie, “Review of *Hegelianism and Personality*”, in *Mind*, 1888, Vol. 13, No. 50, p. 257.

里奇也攻击了塞斯的如下核心命题：“只有个别的东西(the individual)才是实在的。”(第 128 页)正如上述，塞斯批评黑格尔和新康德主义者把普遍看作实在。里奇认为，塞斯在整本书中都没有清晰回答“个别的东西是什么意思”这个问题。塞斯曾说：“最小的存在物都具有它自己的生命，是绝对独特和个别的。”(第 125 页)针对这一点，里奇说，这是否意味着石头碎片也是“真正个别的”，最后我们会推到原子。塞斯认为“甚至一个原子也不仅仅是一个范畴”(第 124 页)，里奇反问，除了范畴之外原子是什么？如果事物的实在在于它们由原子所构成，那么也可以推出，它们的实在在于它们可被思维。对于某个个别来说，没有它的普遍方面，我们如何能认识它？如果我们不能把它普遍化，个别岂不是不可知吗？这样一来实在的东西也就显得不可知。如果实在的东西不可知，那实在必定随着知识的进展而消失。[①] 里奇把塞斯的观点归纳为：“实在的东西是个别自我，而非普遍自我，后者仅仅是一种逻辑上的抽象物。”[②]对此，里奇指出塞斯的矛盾之处，因为塞斯并不排除普遍，“离开了普遍，个别就与普遍离开了个别一样抽象”，塞斯也明确说“单纯的个体(individual)是哲学思维的一种虚构。个体之间不可能相互作用，除非它们都被包括在一种实在之内”(第 216 页)。

在里奇看来，这里更根本的问题是：如果没有宇宙的统一，那么这种实在是什么？如果没有自我意识的统一，我们从哪里

① D. G. Ritchie, “Review of *Hegelianism and Personality*”, in *Mind*, 1888, Vol. 13, No. 50, p. 257.

② D. G. Ritchie, “Review of *Hegelianism and Personality*”, in *Mind*, 1888, Vol. 13, No. 50, p. 257.

得到宇宙的统一？对康德的核心立场的承认难道不允许这种推论吗？[①] 里奇强调，知识和宇宙的统一只有在假设“先验自我”的基础上才可得到解释；普遍自我是存在的，且是最终的“实在”。因此在这个问题上里奇与塞斯是针锋相对的。

在自由意志主题上，里奇认为塞斯的主张（“我有一个属于我自己的核心，即一种属于我自己的意志，没有人与我共享它，或者没有人能与我共享它，甚至在与上帝打交道时我也保持着这个核心”）与自由意志论者的信条类似。[②] 在思维与实在的关系问题上，里奇也与塞斯持不同的看法，里奇认同黑格尔、格林等人的主张。当然里奇对塞斯的某些观点表示赞成，如承认黑格尔将思维中的发展与时间中的发展等同起来是没有用的；承认确实最好“倒着读”黑格尔；承认自然哲学是黑格尔整个体系中最弱的部分。[③] 里奇还在观念论和唯物论、上帝、泛神论、自然、终结（finality）以及格言“凡是有理性的，都是现实的；凡是现实的，都是有理性的”等主题上对《黑格尔主义与人格》进行了评论。里奇在书评最后指出，塞斯接下来要阐明和批评从莱布尼茨到洛采之间的个体论者（Individualist）和实在论者（Realist）[④]，这或许指的是塞斯 1891 年初在爱丁堡大学所做的第三系列鲍尔

① D. G. Ritchie, "Review of *Hegelianism and Personality*", in *Mind*, 1888, Vol. 13, No. 50, pp. 257-258.

② D. G. Ritchie, "Review of *Hegelianism and Personality*", in *Mind*, 1888, Vol. 13, No. 50, p. 260.

③ D. G. Ritchie, "Review of *Hegelianism and Personality*", in *Mind*, 1888, Vol. 13, No. 50, p. 261. 也参见 W. J. Mander, *British Idealism: A History*, New York: Oxford University Press, 2011, p. 358。

④ D. G. Ritchie, "Review of *Hegelianism and Personality*", in *Mind*, 1888, Vol. 13, No. 50, p. 263.

弗讲座《论实在论》。

霍尔丹[①]也于同年 10 月在《心》上发表了一篇书评。[②] 霍尔丹承认塞斯以下的批判是正确的：格林和黑格尔一再把知识理论转变为一种存在形而上学或绝对哲学，在这种哲学里面先验自我首先被实体化为一种绝对主体，然后又被实体化为绝对原因；黑格尔称他的绝对是从康德的批判得出的正当结果；格林只是通过滥用隐喻才得出他的普遍精神。[③] 但霍尔丹指出，除了这些之外，《黑格尔主义与人格》其余部分都是误导性的(misleading)，因为虽然它谴责黑格尔思想中坏的东西，但它没有分出并辩护里面好的东西。[④] 比如忽视了新康德主义的特征是什么，把新康德主义表现为坚持了黑格尔和格林所确立的上层结构的最不好的东西[⑤]——霍尔丹认为新康德主义学派是靠方法的类似性而非教条联系在一起的。霍尔丹把布拉德利看作英国黑格尔主义者的代表，并以他的文章《实在与思维》[⑥]为例指出："它决定于：在世界不再为黑格尔的形而上学和神学争吵时，

① 霍尔丹与塞斯有类似的求学经历，即两人都毕业于爱丁堡大学，且都曾到哥廷根大学向洛采学习，其主要著作有《教育与帝国》(1902)、《通往实在之路》(1903—1904)、《大学与国家生活》(1910)、《相对性的统治》(1921)、《人道主义哲学》(1922)、《人类经验》(1926)等。

② R. B. Haldane, "Hegel and His Recent Critics," in *Mind*, 1888, Vol. 13, No. 52, pp. 585-589.

③ R. B. Haldane, "Hegel and His Recent Critics," in *Mind*, 1888, Vol. 13, No. 52, pp. 587, 589. 也参见 W. J. Mander, *British Idealism: A History*, New York: Oxford University Press, 2011, p. 360。

④ R. B. Haldane, "Hegel and His Recent Critics," in *Mind*, 1888, Vol. 13, No. 52, p. 589.

⑤ R. B. Haldane, "Hegel and His Recent Critics," in *Mind*, 1888, Vol. 13, No. 52, p. 589.

⑥ F. H. Bradley, "Reality and Thought", in *Mind*, 1888, Vol. 13, No. 51, pp. 370-382.

在黑格尔那里什么仍保留着？——是新方法，即他为了考察意识的诸内容而阐述的新方法。我们不仅无法走到意识之外，也不需这样做。我们不需也不必定要假定一种绝对理智的存在（一般意义上的存在），在这种绝对理智中思维及其对象将是同一的。”①

塞斯在随后的论文和著作中对相关批评进行了回应，比如关于里奇所批评的个别或个体的独立性问题。其实塞斯 1887 年 12 月在给詹姆斯（W. P. James）的信中就表达了隐忧，或许就是在回应里奇的批评：“［《黑格尔主义与人格》一书中］某些段落似乎在主张绝对独立的个体。这是一种哲学的谬论，与我的意图完全相反，但在与一种看法争论时人们常常倾向于过分强调相反的观念。我的目标是某种这样更高的精神，但主张在这种更高的精神内较低的精神具有相对独立性。打个比方，我们应当是很多的位格的中心，我们内含在一个存在者中，他拥有他自己伟大的中心，这个中心不同于其他较小的中心。在我看来，一般的黑格尔主义者是要让一个中心代替一切中心，由此否认不同自我的独立性或不可渗透性。我认为，正是在这里，一种认识论结果和一种形而上学结论出现了混淆，这是有害的。同时我完全承认，这种相对的独立性问题仍然晦暗不清，在我的书中甚至没有触及。”②

---

① R. B. Haldane, “Hegel and His Recent Critics,” in *Mind*, 1888, Vol. 13, No. 52, p. 588. 也参见 W. J. Mander, *British Idealism: A History*, New York: Oxford University Press, 2011, p. 360。

② Andrew Seth Pringle-Pattison, “Memoir”, in G. F. Barbour ed., *The Balfour Lectures on Realism*, Edinburgh and London: William Blackwood and Sons, 1933, p. 54.

在《黑格尔主义与人格》第2版前言中，塞斯也回应了两点批评。针对里奇批评他对实在的主张是企图恢复不可知的自在之物，塞斯说自己在《苏格兰哲学》和其他地方都已粉碎了这种哲学迷信，并说《黑格尔主义与人格》的意图仅仅是："知识就其本性而言是关于实在的符号或表现，而且认知和存在永不能等同——无论二者是如何相关和不可分离。如果知识不指涉(reference)它所包含的实在，那它就不是知识。"[①]针对霍尔丹的批评，塞斯承认有一定的真实性，但它只不过强调了一些观点上的差异而已。塞斯认为他在书中已充分承认了黑格尔的哲学贡献，并对黑格尔哲学的目标和精神给予了高度评价。[②] 据说，因为塞斯的一些回应，霍尔丹早在1888年11月就写道，基于塞斯进一步的陈述，他非常宽慰地发现他们"在黑格尔主义问题上几乎是一致的"[③]。

最重要的是塞斯对相关理论作了进一步阐发。根据曼德尔的研究，这些推进主要体现在以下方面。(1)形而上学一定不要与认识论相混淆："从认识论角度看，有主体和客体的结合：如亚里士多德所言，认知者和所认识的东西在某种意义上是同一的。但从本体论角度看，或者作为一个有关存在的问题，主体

① Andrew Seth, *Hegelianism and Personality*, 2nd edition, 1893, p. vi. 塞斯1887年12月给詹姆斯的信中也有类似表达："我的意思是，我们关于某个东西的知识(即使被认为是充分的)是一回事，这个东西本身的存在是另一回事。我不是要退回到相对性：让我们的知识尽可能真实，尽可能正确地表现某个东西的本质，但它仍是对这个东西的表现，不是这个东西本身。"(Andrew Seth Pringle-Pattison, "Memoir", in G. F. Barbour ed., *The Balfour Lectures on Realism*, Edinburgh and London: William Blackwood and Sons, 1933, pp. 53-54.)

② Andrew Seth, *Hegelianism and Personality*, 2nd edition, 1893, pp. vi-vii.

③ Andrew Seth Pringle-Pattison, "Memoir", in G. F. Barbour ed., *The Balfour Lectures on Realism*, Edinburgh and London: William Blackwood and Sons, 1933, p. 55.

和客体仍然不同——一个在这，另一个在那——且没有可以跨越这两者之间的鸿沟。”[①](2)个别实在与普遍知识是不同的。塞斯认为我们所经验的实在在本质上将是一种“多样中的统一”(unity-in-diversity)，我们必须接受我们自身存在的被给予性，我们必须首先接受我们自己的自我，才能理解其他东西[②]，多样性和差别不能被排除掉。“实在不是某种在现象之后或之上所发现的东西，而是通过现象所展示出来的东西”，我们思辨的把握不能超越我们的经验。[③] (3)个别自我是在意识中被给予的材料，个别有意识的存在者的生命不能被世界精神的抽象所吞噬，“有限的自我拥有一种无条件的价值，不能在绝对的祭坛上被牺牲掉”[④]。(4)在《上帝的理念》中，塞斯“反对为那些存在于我们自己的意识(awareness)之外的东西的实在提供根据而推出一个普遍的认知者”[⑤]。(5)塞斯强调时间和时间中的发展观念，反对诸如格林、布拉德利和鲍桑葵等人的绝对观念论体系的永恒或非时间性特征。[⑥] (6)塞斯强调“有限的个体在作为一个整体的体系中的位置”，诸自我之间存在区分，诸自我不能被“混杂”

① Andrew Seth, “The Problem of Epistemology”, in *The Philosophical Review*, 1892, Vol. 1, No. 5, p. 513；也参见 W. J. Mander, *British Idealism: A History*, New York: Oxford University Press, 2011, p. 360。

② W. J. Mander, *British Idealism: A History*, New York: Oxford University Press, 2011, p. 361.

③ W. J. Mander, *British Idealism: A History*, New York: Oxford University Press, 2011, pp. 360-362.

④ W. J. Mander, *British Idealism: A History*, New York: Oxford University Press, 2011, p. 362.

⑤ W. J. Mander, *British Idealism: A History*, New York: Oxford University Press, 2011, p. 362.

⑥ W. J. Mander, *British Idealism: A History*, New York: Oxford University Press, 2011, p. 364.

(blended)或“同化”(merged),不论是和其他自我,还是和上帝;每一个体都有其独特的本性,“是一个其内容不可能在任何地方重复的小世界”,“我们对绝对的贡献在于我们自身作为一个独特和特殊的个体”。[①]

这些立场使塞斯的理论获得了“人格观念论”(Personal Idealism)的名称。在这个意义上,《黑格尔主义与人格》具有开创性,它在英国观念论内部开启了人格观念论学派这样一个分支。早期属于这个学派的英国观念论者主要是塞斯的弟弟詹姆斯·塞斯(James Seth, 1860—1925)和伊林沃思(J. R. Illingworth, 1848—1915)。1902年斯特尔特(Henry Sturt, 1863—1946)主编出版了《人格观念论》,这进一步推进了这个学派:“这本论文集凸显了哲学领域中的一种逐步增长的意识,即需要为人格性(personhood)的观念提供证立,从而抵抗来自两方面的攻击,一方是自然主义,另一方是绝对主义。(应该注意)前者从未真正消失,后者——尽管分享了宽泛的观念论视角——也被论文集中的作者们所拒绝,因为它采纳了一种不可能的外在于人类的视角,并且因为它无法充分承认人类的意愿及其包含的内容。”[②]人格观念论的其他重要代表是拉什达尔(Hastings Rashdall, 1858—1924)、吉布森(Boyce Gibson, 1869—1935)、詹姆斯·华德(James Ward, 1843—1925)、索利(W. R. Sorley, 1855—1935)和麦克塔格

---

① W. J. Mander, *British Idealism: A History*, New York: Oxford University Press, 2011, p. 364.

② W. J. Mander, *British Idealism: A History*, New York: Oxford University Press, 2011, p. 366.

特(J. M. E. McTaggart, 1866—1925)等。①

四、关于本书的翻译

正如上述,《黑格尔主义与人格》于 1887 年首版, 1893 年再版。本中译本依据的是第 1 版。对于这两个译本之间的差别,塞斯在第 2 版前言中提及, 他根据本书第 1 版所遭受的批评而对一些地方作了修改:“这些变化是轻微的且主要是言辞上的,但在几处删除了一些轻率的措辞; 并在批评特别集中的几个要点上补充了一些注释。”②其中一处修改值得注意, 第 1 版第 64 页第 1 段最后 1 句是:“相反, 无论有什么相似之处, 它们[指不同的自我]都是绝对且永远相互排斥的。”第 2 版改为:“相反,无论有什么相似之处, 而且无论在包罗一切的神圣生命领域之内它们的内包(comprehension)模式如何, 可以肯定的是, 诸自我在它们的本质上是相对独立的, 且是相互排斥的存在中心。”③这种变化不可谓不大, 显然不是塞斯所言的轻微改动, 以至于

---

① Cf. W. J. Mander, *British Idealism: A History*, New York: Oxford University Press, 2011, pp. 366-376. 其他关于人格观念论、人格主义的思想史, 可参看如下文献: (1) Jan Olof Bengtsson, *The Worldview of Personalism: Origins and Early Development*, New York: Oxford University Press, 2006, 该书主要讨论了雅各比、谢林、思辨有神论和不列颠人格观念论等传统中的人格论, 值得注意的是, 作者强调, 洛采的人格观念论对英国和美国的人格论的决定性影响, 正如上述, 塞斯就曾访学于洛采; (2) Eugene Thomas Long, *Twentieth-Century Western Philosophy of Religion (1900-2000)*, Dordrecht Kluwer Academic Publishers, 2000, 该书第一章为 20 世纪之交的宗教哲学, 第 2 章主题为绝对观念论, 第 3 章主题即为人格观念论, 主要介绍了塞斯、霍金(William Ernest Hocking)、拉什达尔、豪伊森(George H. Howison)、麦克塔格特、索利、泰勒(Alfred E. Taylor)、坦南特(Frederick R. Tennant)。

② Andrew Seth, *Hegelianism and Personality*, 2nd edition, 1893, pp. vi-vii.

③ Andrew Seth, *Hegelianism and Personality*, 2nd edition, 1893, p. 69.

里奇看到这里的变化后直言:“我愉快地发现我自己赞成这段话的修订版。”[①]可以说,这种变动既回应了里奇的批评,也回应了塞斯自己在1887年12月给詹姆斯信中所说的不同自我的独立性问题。基于向读者展示塞斯原初思考的目的,本中译本仍选择以第1版为底本。

下面译者就几个术语的翻译做一些说明。首先是书名中的personality以及相关的person、personal和impersonal等词的翻译。从词源上看,person是理解其他几个词的基础。综合相关辞典解释,person源自拉丁文persona,即“演员在舞台上戴的假面具”(actor's mask),后来演变成“戏中上场人物”(character in a play)、“角色”(role)之意,再变成“人”之意。从构词上来看,前半部per是“透过……”之意,后半部son是“出声”之意,两者合起来表示演员“透过假面具出声”之意。[②] 在日常语言上,person有以下意思:一个活生生的人;具有特别性格或角色的个人;构成某一个别人格的那些特征的组合,自我;一个人的活的身体;相貌等。在专业术语上,person则有如下含义,如在法律意义上指享有法律权利和义务的人或组织,在语法意义上指第一人称(我/我们)、第二人称(你/你们)、第三人称(他/她/它)。[③]

最重要的是person在哲学和神学上的意义,这既关涉古希腊哲学的基体、实体概念,也关涉基督教神学中对上帝的理解。

① D. G. Ritchie, *Darwin and Hegel*, London: Swan Sonnenschein, 1893, p. 100 n. 1; Andrew Seth Pringle-Pattison, “Memoir”, in G. F. Barbour ed., *The Balfour Lectures on Realism*, Edinburgh and London: William Blackwood and Sons, 1933, p. 55.

② 参见《21世纪英汉汉英双向词典》《朗文当代英语词典》(网络版)词条“person”。

③ 参见《美国传统词典》(第4版网络版)词条“person”。

根据相关研究，persona“是希腊词 hypostasis（处在……之下）的对应词，与 ousia（实体或本体）的概念有密切关系”①。也就是说，persona 具有基体（载体）和实体的意义，它被应用到上帝的三位一体学说之中后就表示位格，即圣父、圣子、圣灵这三位相分离的个别中的任何一位，它们不同于把三者统一起来的神性的本质。② 由此形成了中世纪哲学里重要的位格论（personalism）。③ 位格论不仅是讲上帝，也是在讲上帝和人（human beings）的关系，这对中世纪和近现代西方哲学家（包括塞斯）讨论上帝和人的关系问题来说是至关重要的。

在基督神学的语境中，person 显然要被翻译和理解为“位格”。波爱修（Boethius）曾对 persona 下过一个定义：“位格就是以理性为本性的个别实体。”④托马斯·阿奎那也采用这种定义：因为每一个人是一个以理性为本性的个别实体，所以是一个位格（person）。⑤ 吉尔松在这方面有很多精辟论述：“每一个人都是一个位格，人的行动是位格的行动（personal acts），因为人的行动都出自理性存在的自由决定，而且只取决于人的主动。”⑥人

① 布宁、余纪元编著：《西方哲学英汉对照词典》，人民出版社 2001 年版，第 738 页。

② 参见 https://plato.stanford.edu/entries/personalism/。

③ 吉尔松在《中世纪哲学精神》专辟一章来讲这种“位格论”。参见吉尔松：《中世纪哲学精神》，沈清松译，上海人民出版社 2008 年版，第 160—173 页。

④ 布宁、余纪元编著：《西方哲学英汉对照词典》，人民出版社 2001 年版，第 738 页；参见 Frederick C. Copleston, “The Human Person in Contemporary Philosophy”, in *Philosophy*, Volume 25, Issue 92, 1950, p. 3。

⑤ Frederick C. Copleston, “The Human Person in Contemporary Philosophy”, in *Philosophy*, Volume 25, Issue 92, 1950, p. 3.

⑥ 吉尔松：《中世纪哲学精神》，沈清松译，上海人民出版社 2008 年版，第 144 页；E. Gilson, *The Spirit of Mediaeval Philosophy*, trans. by A. H. C. Downes, New York: Charles Scribner's Sons, 1940, p. 166.

是一个位格，而世界规律是非位格的(impersonal)，这使人不再受制于它，“而且与天主合作，使用律则来统治世界”①。也就是说，“人是个位格之人”，“人是一个位格性的完整的个体”。②显然，这里糅合了亚里士多德对人作为个别实体的理论以及基督教神学的位格理论，也表明了 human、human beings、man 与 person 之间的关系和差别。

只有在这种基督教神学位格论意义下，我们才能理解 19—20 世纪各种各样的人格主义或位格论流派(有实在论、观念论、泛神论和其他形式)为何会内在地与有神论相结合，即“认为上帝是超验的位格(the transcendent person)，是其他一切位格(all other persons)的创造者”③。如美国 20 世纪上半叶的人格主义认为：“上帝是外在的位格，他构成一切相互作用的最有凝聚力的价值。”④以吉尔松和马里旦为代表的新托马斯主义也发展了基督教神学中的位格论：“上帝是无限的位格，与像我们自己这样的有限的位格相对，位格的自律和价值是最为重要的。”⑤这应该也同样适用于塞斯的人格或位格观念论。这或许也可以解释为何塞斯其后的大多数著作都与宗教有关，如《有神论两讲》《上帝的理念》《不朽的理念》和《宗教哲学研究》等，且后世对塞斯人格

① 吉尔松《中世纪哲学精神》，沈清松译，上海人民出版社 2008 年版，第 132、144 页；E. Gilson, *The Spirit of Mediaeval Philosophy*, trans. by A. H. C. Downes, New York: Charles Scribner's Sons, 1940, pp. 151, 166.

② 沈清松：《士林哲学与中国哲学》，商务印书馆 2018 年版，第 121 页。

③ 布宁、余纪元编著：《西方哲学英汉对照词典》，人民出版社 2001 年版，第 740 页，译文有改动。

④ 布宁、余纪元编著：《西方哲学英汉对照词典》，人民出版社 2001 年版，第 740 页，译文有改动。

⑤ 布宁、余纪元编著：《西方哲学英汉对照词典》，人民出版社 2001 年版，第 740 页，译文有改动。

或位格观念论的研究文献不少也属于宗教哲学领域。

在《黑格尔主义与人格》中，person 出现次数比较多的地方是指日常语言中和物对应的人(如第 64、118、139、205 页)，也有语法意义上的人称(第 64 页)，出现次数不多但最重要的乃是基督教神学意义上的位格，如第 7 页出现的 the human person，第 190 页上出现的 human persons。有译者将其翻译为“人类的人格”，并把 impersonal 翻译为“非人格”。[①] 根据上面的解释，这里应理解为“人的位格”或“人类位格”。与之相应，塞斯批评黑格尔的绝对或思辨体系是非位格的(impersonal，第 70、109、190 页)。同样，当塞斯在哲学意义上使用 personal 时，我们最好也将其理解为“位格的”，如 a personal God(第 150、192 页)就应翻译为“位格神”。塞斯的表达 our personal existence 和 our own personal existence(第 153 和 222 页)或许翻译为“我们的位格存在”和“我们自己的位格存在”比较好，因为这两处都是把人和上帝进行类比，而且根据吉尔松的分析，人的位格存在蕴含了对人的理性本性的强调。

如此一来，personality 也就应该翻译为“位格性”。而且这个系列讲座原名为“Hegelianism and Human Personality”，即“黑格尔主义与人的位格性”[②]。但因学界多把 personality 翻译为“人格”，且塞斯在文中用到 personality 这个词的很多地方都是在复述别人的意思，比如格林(第 26 页)、费希特(第 46、62 页)、谢林

① 参见弗雷德里克·科普勒斯顿：《从功利主义到早期分析哲学》，周晓亮译，天津人民出版社 2019 年版，第 232—235 页。

② Andrew Seth Pringle-Pattison, “Memoir”, in G. F. Barbour ed., *The Balfour Lectures on Realism*, Edinburgh and London: William Blackwood and Sons, 1933, pp. 48-51.

（第54页）、黑格尔（第99页）等，因此译者没有把它严格翻译成“位格性”，而是在涉及个体、自我时翻译为“人格”（第191、193、217、222页），在涉及上帝或神圣的存在时则翻译为“位格”或“位格性”（第188、224、227页），请读者留意。

需要注意的是，虽然书名中有 personality，但正文中该词仅出现了14次，频率并不高。而 self 则遍布各处，individual 出现的频率也非常高，塞斯多是在就 self 和 individual 问题展开争论过程中提及 personality 的。这里也涉及对这两个词的翻译问题。中文学界对 self 的翻译也存在一定的争议，译者按照学界习惯多将其翻译为“自我”。individual 则交替使用“个别”和“个体”等翻译，对此应无多少争议。

另外，英文词 existence 与 reality 也是本书中出现频率极高且非常重要的术语，且都没有完全对应的德语词，因此译者多根据语境把 existence 翻译为“存在”“实存”等，并按学界习惯把 reality 翻译为“实在”，但个别情况下则翻译为“现实”。

塞斯在本书中对其他著作有所引录，译者尽可能参照了国内现有的中译本，如邓晓芒先生翻译的《纯粹理性批判》（人民出版社2004年版）、梁志学先生编译的《费希特文集》（商务印书馆2014年版）、贺麟先生翻译的《小逻辑》（商务印书馆1997年版）等。在此特致谢意！

因本书属于讲稿性质，所以注释非常简略，里面引用的书目信息大都不完整。为了方便读者查阅相关信息，译者专门做了人名对照表和书目信息，分别作为附录一和附录二。

最后，感谢黄涛教授将这一翻译任务交给译者，使译者有机会进入塞斯以及英国观念论的思想传统！也感谢黄涛教授不吝分享相关资料，尤其是他自己翻译但尚未出版的《英国观念论史》，这大大提升了译者对《黑格尔主义与人格》的理解。在翻译过程中，译者也得到了徐长福教授、朱学平教授、张子骞博士等诸多师友的指点，在此一并致谢！也非常感谢商务印书馆钟昊编辑的耐心等待和认真编辑。受限于个人的学识和语言能力，翻译上肯定存在一些不到位之处，敬请方家指出！

目　录

前　　言 v

以下内容构成鲍尔弗哲学讲座系列二，它们是去年冬季学期期末时在爱丁堡大学讲授的。它们接着前门苏格兰哲学课最后一讲所提出的问题，但我们会发现，为了清晰起见，这些讲座不依赖任何超出它们自身的东西。在准备出版过程中，我保留讲座形式，但在现在作为第 3 讲和第 4 讲的内容中，我发现有必要改变讲授时所采用的话题安排。我还努力通过不时地修
改和补充以及借助增补内容和更全面的附注，来凸显我的批评 vi
所针对的主要观点，同时我也努力通过更仔细的解说来避免可能的误解。

圣安德鲁斯，1887 年 10 月

第1讲 1
康德与新康德主义

在这些讲座的第二门课程一开始，请允许我很简短地回顾一下前门课程的讨论，并想指出两门课程之间在思想方面的某种连续性。第一门课程致力于比较和对比苏格兰哲学和德国哲学；虽然这两种哲学之间存在巨大差异，但似乎仍有证据证明它们之间也存在大量的类似性思路。这些类似性思路是由二者共同反对同一个敌人所决定的，即经验主义(Empiricism)，正像
历史上休谟的感觉原子论所表明的，经验主义仍旧并必定持续 2
坚持这种理论的古典形式。比如，笼统而言，里德(Reid)的某些想法或许完全可以与康德在反对休谟的经验主义时所采取的立场进行比较。在表明了这些一致之处后，我们要考察康德理论的某些其他方面，在我看来，这些方面使康德理论在某个方向上的危害与它在其他方向上的好处一样多。我说的是康德关于诸范畴和思维形式的主体性的看法，以及他的知识相对性学说，这种学说本身以自在之物(thing-in-itself)的概念为基础。在上门课中，对于作为一种关于宇宙完整体系的哲学的可能性来说，除了一般的考虑之外没有机会多讲。但在最后，我指出一些重要的问题，黑格尔主义(它被看作这样一种体系类型)对它们的回答表明，即使它令人满意，但它无论如何似乎是含糊的。

这些问题以个体的本性问题为核心，正是在这门课程中我们不得不继续讨论这个主题。

在这些讲座中，关于苏格兰哲学不能多说。第二门课程的
3 对象是批判地考察康德的德国后继者们依靠他的诸根基而建立起来的观念论，当前它在德国由一些往往被称为新康德主义者或英语世界被称为黑格尔主义者的学者们所代表。或许，这两种称呼都并非无可指摘，因为黑格尔的英语世界追随者们并未声称要把他们与黑格尔的某方面(或者甚至是他的很多代表性理论)捆绑在一起。然而，如果我们使用之前的称呼，我们就必须记住，英语世界的新康德主义者的理论和康德理论之间的差别完全与新柏拉图主义者和柏拉图之间的差别一样大。但是为了一个名称而争吵无济于事，这个名称无论如何得到了人们的充分理解。对于我们当前的目的来说，我们只要知道要涉及的思想家是谁，他们的代表性学说是什么，这就足够了。因此，我只需将牛津大学已故的格林(Green)教授看作要涉及的学者中最杰出的一位，他的言论已被赋予了某种权威，尤其自他令人悲痛地去世之后，对于那些人来说，他是这种思维模式的一位先驱和公认的倡导者。

现在，只要稍稍了解一点格林的著作，我们就会知道，他
4 整个体系的核心在于声称，自我或精神原则对于知识的存在和道德的存在都是必需的。联系与统一原则表现在感觉殊相(the particulars of sense)上，单这一点就使某种宇宙或理智世界成为可能，而且这同样是对伦理学作为一种行动准则体系的唯一解释。格林对这一立场的主张令人印象深刻，这构成了他对洛克

和休谟以及当今英国经验主义持续不断的批判。几乎可以说，这构成了他的整个体系。关于格林工作的关键部分，我认为，近来人们日益承认它是成功的，而且确实具有说服力。但关于自我或精神原则的本性（在他那里是成功的手段），格林作品的诚实读者被迫承认，几乎所有事情都流于含糊。事实上，只是在《伦理学绪论》（*Prolegomena to Ethics*）中，格林才明确把[自我或精神]原则解释为一个普遍的或神圣的自我，这种自我以某种方式存在于每个个体中，并起能动作用。而且即使在那里，这种观念也不过是暗示而已，并且格林在任何地方都没有阐释过神圣的自我与人的自我之间可能存在这样一种关系，也没证明这两种自我的同一。在这样一种关系中，神圣的自我是什么意思？人的自我是什么意思？在这方面，格林似乎令我们失望。 5
他在任何地方都没有精准规定过他所使用的自我（作为一场关键斗争的武器而起作用），好像自我能够被推断性地作为一种形而上学的实在使用。

我想表明，格林的核心概念由此所带有的模糊性，是伴随着他从中得出这个概念的[理论]资源而来的。众所周知，这种理论资源就是以黑格尔体系角度解读的康德哲学。如果没有很好地洞察到这种自我概念在康德及其后继者思想中的产生和发展，我们就不能准确理解或公正评判格林的自我观——也就是他的宇宙观。因此，我并不局限于批判格林的说法。相反，我试图追踪他的核心学说的发展。我们以某种方式达到我们大致所称的黑格尔主义，在某种程度上这种方式本身就是对我们要接受的体系的最好批判。因为，虽然格林以及英语世界的黑格

尔主义者抛弃了黑格尔的很多东西，但他们在他们自己的自我学说中重复了黑格尔的根本立场。因此，如果审查发现德国观
6 念论在自我和上帝方面的学说有任何根本的缺陷，我们就会知道，这种批判将同样适用于当今英语世界观念论在这方面的学说。英语世界观念论的建设性努力更多指向和参考德国思想家，而非独立提出各种主张，这可以说是支持了上述操作方法。然而，在展开这项规划的过程中，我们希望尽可能避免卷入这些具有连续性的体系在历史上的全部方面。我宁愿努力挣脱占主导的诸原则，带着这种看法我主要详细阐述德国观念论在黑格尔体系那里的最终形式，对康德和费希特进行论述则只鉴于他们为黑格尔的立场做了准备，或者通过对比能有效地阐明黑格尔的立场。

据此，本次讲座的余下部分将讨论康德理论中那些对后来的观念论有直接影响的特征，并将批判格林所持的立场，因为他的立场直接依赖于对康德学说的某种处理。第 2 讲将专门讨论费希特，因为费希特在把康德的知识理论转变为某种宇宙形而上学时所采取的步骤在当前讨论中是极为重要的。进而，在
7 我看来，费希特的思想在其不同阶段的进展对于我们后来理解黑格尔所采取的一些立场有所助益。其后三讲要非常仔细地批判黑格尔体系中那些主要的规定。这种批判始于我们主要转向黑格尔对现存实在或个体（两者是一回事）的讨论。这个问题与实存（existence）一样广泛，并涉及在哪里都能发现的个体存在（the individual being）；因此，它将首先得到讨论。但更为详细地研究这种观念论在神圣的存在（the divine existence）、人的位格

(the human person)以及那些对我们作为人来说最为紧密的问题等方面的意涵，这也并非不顺当。如果这些意涵不令人满意或不可接受，那么就可以相对容易确定这种理论的英语世界版本会在多大程度上面临同样的反驳，以及这些反驳在多大程度上使它的主张——它宣称自己是一种理智的且一致的形而上学体系——无效。

康德的理论至少提供了对经验主义最后在休谟那里转变成
的感觉原子论的决定性反驳。或如早前所说①，休谟自身的体系 8
是对抽象殊相(the abstract particular)谬误的自我驳斥。如果我们从这样一些孤立的殊相出发，那么所有综合或联系都必然是错误的。然而，即使是联系的谬误也将被证明是不可能的，除非出现特定的真正综合原则，但这种出现被抑制着。事实上，我们在哪里都不可能从单纯的殊相、孤立的感觉原子(the isolated atom of sense)出发；相反，这种知觉对心灵(mind)来说是完全不可能的。我们不能观看任何“自在”之物(anything “in itself”)；任何东西都与他者有着不可分割的联系，而且它的存在就在于超出了它自身的这种关联，或者说在于超出了它自身的那些无数关联。这里对此不加详论，可以参考前门课程第2讲“大卫·休谟的哲学怀疑论”的内容。

康德的体系由此包含如下证明：知识永不可能从作为感觉的感觉中产生。这种证明不是单纯否定性的；它也包含肯定的方面，因为康德向我们展示了某些综合或理性联系的主要原则，

① *Scottish Philosophy*, p. 66.

9 它们在根本上涉及知识。休谟曾说过，所有事件(event)是“完全松散且分离的”，而他曾认为知识可分解为这些事件。但这远远不是真的，因为一个事件如果要被认识，那就只有通过关联它过去得以发生的背景，它才是可知的。诸印象(impression)或诸感觉(sensation)至少必须被认为是连续的；换言之，时间是一种普遍的综合形式，尽管诸印象或感觉存在着质的差异，但时间把它们编织在一起，并因此使一种孤立的特殊性成为不可能的。实体(substance)概念——永恒和变化概念，以及紧密相关的因果性概念一开始就涉及对连续的知觉，因为这些概念只是对时间中的某种存在之本质特征的描摹。

但是，康德接着说，单纯在时间中的存在是不可能成为现实的。时间必然包含作为其相关项(correlate)的空间。刚才那些被描述为描摹了时间之本质性的概念或范畴本身就与空间存在这种关联。对时间的意识只有通过对变化的知觉才能产生，而且变化必然包含对某种存在变化的永恒的知觉——正如上述，
10 正是在这种背景下，当短暂的瞬间出现和消失且被主观感受到时，我们才能理解它。空间，或更确切地说空间与其存在于空间中的物质填充，提供了作为这一必要背景的知觉。变化是可感知的，而且日期是可能的，正因为世界作为一个永恒的对象存在于空间中。

现在，不论我们是否接受刚才所说的空间对时间的绝对必然性，在我们的经验中，空间和时间之间的相互关系和彼此关联是无可置疑的。空间是人们进行认知的一个基本元素，像时间一样不能被除掉，也不能从感觉单元中衍生出来。康德的量、

关系和模态等范畴可被简单看作对空间和时间之性质的某种分析。它们是在空间和时间这两个元素中展开的世界中的联系原则和一致原则；简言之，它们构成了在空间和时间中所感知之物的抽象表达或理智表达。[①] 因此，我们可以接受康德的证明，只要它宣称，这些形式以及具有这些形式的相互联系和解释的 11
范畴或原则，必然包含在我们对可知世界的经验中，以及要是没有它们的话，任何知识都将是完全不可能的。据此，以否认这些原则的存在为出发点的感觉主义必定没有能力发展这些原则，尽管有时可以通过秘密地假设有关原则来获得成功的外观。

然而，再往前走，或者说举步折回并阐明根本的但至今尚未被观察到的假设，我们就到达了康德哲学以及随后观念论的核心立场——某种永久的认知主体的必然性。对连续状态的认知(knowledge)，只有当每个状态都伴随着一个相同的统觉(apperception)的"我思"时，才有可能。或者如之前以其他方式所言，在连续(succession)与对连续的意识之间，在变化与对变化的意识之间，在世界上总是存在差别。单纯的变化或单纯的连续，如果这种东西是可能的，那将如康德所指出的，首先是A，接着是B，然后是C，每一个都暂时填补了存在，并构成存在的全部，然后无迹可循地消失，让位给后继者——让位给某个将不是后继者的后继者，因为没有任何关于先前者的记录会 12
留下来。变化、连续、系列只能被某个意识或主体所认知，这个意识或主体不与系列中的任何一个部分相同，但同样地存在于

① 质的范畴指所称的经验中的质料要素，即指存在的现实性(actuality)或实在性(reality)，而不指那种作为时间的存在或空间的存在的本性。

每个部分，并且自始至终保持同一性。任何类型的联系或关联性——甚至是休谟的联想(association)——只有当关系的每一项都存在这样一种统一性时，它才是可能的。因此，虽然如休谟所说这是很对的，即当我们进入我们所称的自身时，我们无法指出对自我的任何特定知觉，就像我们可以指出对热或冷、爱或恨的特定感知那样，但毋庸置疑的是，所有这些特定的知觉的条件(每一种特定的知觉都带有这种条件，它对两种知觉之间的联系至关重要)正是休谟找不到的自我或主体——他之所以找不到，是因为他没有寻找它的专门特征，即它作为主体或所有知觉或客体的相关项，而是寻找它作为它自身，即以某种方式作为一种知觉或客体本身，它被附加给意识的其他内容。

因此，所有可知的存在都是对某种自我而言的存在。这样
13 挖掘出来的自我，康德称之为“知性的一切运用的最高原则”，而且他有些累赘地把自我命名为统觉的综合统一性(the synthetic unity of apperception)或自我意识的先验统一(the transcendental unity of self-consciousness)。这里的形容词①表明了自我的本性和功能。统一之所以是综合的，是因为它把本来作为一个整体的相关成员的东西联结了起来，否则这些东西就会作为不相关的殊相散开来。而且，只有通过这种综合，自我(the Self or Ego)的统一性才能存在。它就是综合的统一性，如果没有它的综合活动，它就不会是实在的——就像如果没有它的活动，感觉殊相就不会是实在的。一种统一，如果它不统一杂多，那它就是

① 即上句话中的“综合的”和“先验的”。——译者

不可能的。换言之，只有通过它统一的诸要素，自我才能够意识到它自己的同一性(identity)，也就是说，才能够意识到它本身，即才能是一种自我。如果不是一个思维者(thinker)，那你就不能有思维，但同样正确的是，如果没有思维，你就不是一个思维者。任何把这两个方面分开的企图都是对实在的背离，都是使某种抽象实体化(substantiation)。简言之，认知的终极事实既不是纯粹的主体，也不是纯粹的客体，既不是某种单纯的感觉，也不是某种单纯的自我，而是某个意识到诸感觉的自我或主体。它不是某种单纯的统一，而是具有二元性的统一(a
unity in duality)。这种二元性属于自我意识的真正本质，任何忠 14
实于事实的哲学都无法消除这种二元性。

"先验的"(transcendental)这个词，被用到统觉的统一上，它具有类似的意涵。它并不如有时被认为的那样意味着，自我是一种超出经验的实体(entity)；相反，它意味着，只有联系经验，"同一的自我"(identical self)才能被推断或证明为认知的一个必要条件。不联系经验，自我就没有任何意义，我们也就不能对它进行任何断言。"先验的"这个术语也有助于我们看到康德反复强调的这种自我与经验性的自我(the empirical Ego)之间的对比。经验性的自我是以时间形式存在的内感官的事情；换言之，它是诸精神状态——思维、感受和行动的连续，人们可以回顾这些状态，因为它们构成了他的经验及其生活的记录。经验性的自我由此就是其他客体中的一个；它是经验历程的一部分。正如康德所说，经验性的自我是经验性的心理学的研究对象，他把这种心理学描述为内感官的一种自然之学。正是联系

到经验性自我，人才可以说拥有能力使他本身成为他自己的客体。当我们这样做时——正如俗话所说，当我们向内转移注意
15 力时——展现在我们面前的正是这种经验性的意识，当然不是整个历史，而是混合在一起的感受与欲求、思维、意向和决心，它们充斥着我们当前的意识，而且它们本身在其主导的情绪和倾向上是之前的心灵活动和环境的结果。这种在主导的思维模式和活动过程的背景上对某些当前经验的意识，构成了经验性的自我当前的存在。用最近的心理学的语言来说，经验性的自我是对意识的复杂呈现；它是“被连续不断地呈现，但在任何时候都未被完全呈现”①。康德把先验的自我或统觉的统一与这样一种呈现或客体严格区分开来。不用回溯已经走过的路，我们只要记住下面这点就够了：经验性的自我是连续的(serial)；某种连续——如果它要被认作连续——就意味着，这种连续的每个部分都有某种意识，且在它们的变化过程中这种意识是自我
16 同一的(self-identical)。诸如“静止的”(static)、“永恒的”(permanent)、“不可变的”(unchangeable)、“同一的”(identical)②等谓词只能归给先验的自我。

康德还在更广泛但很类似的意义上将“先验的”这个术语用来概括他的整个哲学论证方法的特征。正如他不厌其烦地告诉我们的那样，先验论证要与经验的可能性进行关联。它是对经验的分析，或者我们可以在这里说，它是对知识的分析，为的是发现它的不可或缺的构成要素。以它所发现的知识事实为例，

① Ward, article “Psychology” in the ninth edition of the *Encyclopaedia Britannica*.

② Stehend, bleibend, unwandelbar, identisch.

先验论证并不探究这种事实是如何实现或产生的——从哲学观点看这种探究实际上是不可能的，而它总是**在事实内部进行**，它问的是事实之为事实的诸条件是什么，或者说，事实的本质要素是什么。正如沙德沃思·霍奇森(Shadworth Hodgson)先生所说，先验论证是对知识**本性**的分析，而不是对知识**起源**的分析。因此，先验的方法这种论证永远不能逾越经验，如果将知识的条件与先验论证在其中发现这些条件的综合分离开来，那这种方法就永不能得到证成。一方面，感觉殊相不能被如此分离开来；另一方面，自我这一共相(the universal of the Ego)也不能被如此分离开来。如果说感觉殊相的孤立产生了在休谟那里 17
达到顶点的谬误，即抽象殊相的谬误，那么自我的共相的孤立则会导致抽象的或空洞的共相这一同样危险的谬误。殊相只能作为某种杂多存在，它通过时间和空间等范畴形式与主体的统一相关联；而主体只能作为对杂多的统一而存在，它是杂多的核心联系原则。简言之，一种先验哲学的程序，如果要与自身保持一贯，那它就必须自始至终是内在的(immanent)。

但如果是这样的话，那很明显，康德自己的很多说法就需要加以修正。比如，把空间和时间的范畴和形式说成是特别属于主体的，并且由主体强加给某个异己物质之上，这显然是不可接受的。一旦我们这样说，我们就抛弃了内在的观点；我们就把自我实体化了，自我与它只能在其中存在的综合相分离，而且通过掩盖我们的抽象概念的裸露，我们给它佩上某种思维形式。如此来想的话，这些空间和时间的形式不过是最粗糙的先天观念(innate ideas)，它们以某种方式寄存在个人的头脑中。

18 康德对质料和形式的整个区分，即把前者理解为客体，而把后者特别归给主体，根据他自己的先验原则是完全站不住脚的。事实上，还有什么能比这种做法——试图超出可能的经验界限，把主体和客体看作两个有因果联系的实体，在知识之外，它们通过相互作用而产生知识——更为公然地违反这些原则的呢？这种自在主体（subject-in-itself）和自在客体（object-in-itself），各自对知识的综合整体作出自己的贡献，它们正是批判和先验方法所要消灭的妄想。人的有机体与周围环境之间当然存在相互作用；而人这一主体，当他的有机体受到刺激，他能够把这种刺激归因于一个外在客体。但这整个过程发生在知识世界之内，或用康德的语言来说，发生在现象（phenomena）领域之内。受刺激的正是某个现象领域内的客体，即有机体；刺激来源是另一个现象领域内的客体，比如说太阳。这里无论如何不涉及某种本体背景，在这种背景中，知识的起因在知识出现之前就已存
19 在了；印象比喻，虽然在所说过的自然之学领域是可以理解的，但当应用于知识主体时，它就完全不合适，而且实际上是没有意义的。简言之，主体和客体是仅仅在知识世界中才有意义的术语；它们不能被看作两个超验的自在之物。一旦我们不再这样来看主体和客体，并不再把经验看作二者相互作用的结果，康德关于我们知识的主体性和相对性等观点的基础就消失了。知识就像一件无缝外套，它不能被分割，也不能以这种方式来分配它的各个部分。存在一种理智世界，它的所有要素都是相互补充和同等必要的。没有质料，我们就无法拥有形式，或没有形式，我们就不能有质料。但二者并没有被结合在一起。形

式是质料的形式，而质料可以说只是形式的展示。这种关联的必然性可以被公正地看作先验方法的根本特征。如果我们现在问要怎么看待自我，那么最正确的回答可能是："自我只有通过世界才存在，世界也是通过自我才而存在，这远远不是一种说法，我们可以同样正确地说，自我就是世界，世界就是自我。 20
自我和世界只是同一实在(reality)的两个方面；它们是从两个相反的角度来看的同一个理智世界。"①当然，只有通过自我或主体的角度，我们才能理解这种同一性，但这并不赋予自我某种孤立的存在。先验的自我是全部经验所暗含的东西，对于知识理论来说，它只是必要的观点，从这种观点出发，宇宙才能得到统一，也就是说，从这种观点出发，它才成为一个宇宙。至于其他，心灵和世界，主体和客体，它们都是可互换的术语；我们可以无差别地讨论前者或讨论后者：在两种情况下，我们的概念的内容都是一样的。

在我看来，当先验方法得到连贯地运用，且结果被以最准确和原本的形式得到陈述，这就是先验方法的正当结果。如果我没有弄错的话，沙德沃思·霍奇森先生的反思哲学(Philosophy of Reflection)——就作者的主要观点而言——最清晰和彻底 21
地应用了康德的方法；他在那里所发展的主体"方面"和客体"方面"的学说似乎与上面所达致的结果一致。霍奇森先生极为审慎地坚持研究的内在性，并最终拒绝(在我看来是正当地)将因果活动(causal activity)赋予主体。用他的话来说，这样做就会重新

① *Essays in Philosophical Criticism*, p. 38. 该书第一篇文章，即《论作为范畴批判的哲学》，主要试图详细说明这里所提出的观点，尽管可能没有充分认识到这种观点必然的缺陷。

陷入独断论(Dogmatic)或因果实体(causal-entity)观，知识的批判理论的专门功能就是让我们摆脱这种观点。他同时认识到研究的限度，且没有提出作为某种现成本体论的知识理论；由于这一点，他没有声称拥有一种绝对的宇宙论。在这方面，霍奇森显然不同于诸如格林这样的新康德主义者。格林也声称在与先验方法相关的正当议题上贯彻这种方法，并使康德保持一贯；但在这样做时，他就公然将康德的知识论转变成一种存在形而上学，一种绝对哲学。

这种转变构成了新康德主义立场的核心，它重新提出了先验自我的性质问题——甚至前面所说的一切都没有充分回答这
22 个问题。在这种分析中起如此重大作用的先验自我是什么呢？康德有时把先验自我称为“纯粹的”(pure)自我或“原初的”(primitive)自我，并说它是“知性的一切运用的最高原则”。他说，先验自我是诸范畴的基础，并构成“这些范畴的可能性的根据”；它“是所有的一般概念的承载者”①。康德在某处说“这个持存常住的自我……构成了我们一切表象的相关项”②，“所有的对象全都在我们里面，亦即全都是我的同一的自身的诸规定”③，因此，先验自我可以被非常恰当地说成“一切存有的相关项”④。诸如此类表述，加上康德对先验自我和经验性自我所作的鲜明区分，或许首先向康德的后继者暗示了他们对他的概

---

① *Werke*, iii. 274(ed. Hartenstein, 1868), Meiklejohn, 237.

② Ibid., iii. 581(from the version of the Deduction of the Categories in the first edition).

③ Ibid., iii. 585.

④ Ibid., iii. 617(from the Paralogism of Pure Reason in the first edition).

念的形而上学改造。这种自我似乎没有关于自己必死性的谓词，它似乎是所有其他东西的前提，而它自己是无前提的，它被后 23
来的思想家(特别是英语世界的新康德主义者)作为一种普遍的或绝对的自我意识，或者用更简明的话来说，它被作为某种永恒的神圣主体，宇宙是依赖它而存在的。这种认识，尽管可能在康德那里找不到，但他们认为，这是整个体系一贯的要旨所决定的。因此，就他们把这种学说看作康德体系的直接结果而言，我们可以在这里适当考虑他们的哲学结论的合理性，且也能恰当地预告接下来几次讲座的论点。

格林明确把知识论所揭示的自我("单一能动的自我意识原则，不论它被称作什么"①)与普遍的或神圣的自我意识等同起来。他自己最常把它称为某种"精神的原则"(spiritual principle)。根据他的观点，正是"永远完满的意识"使人的动物机体成为这种意识本身再现(reproduction)的承载者。我们可以从《伦理学绪论》中引用无数它关于这种永恒自我的说法，这些说法只是在表述时有用词上的变化。它是静止点(punctum stans)，时间中的所有秩序都依赖它而存在。它持续存在于构成宇宙内容的诸联系 24
之中，这向这些联系传递了它们的永恒性和客观性。它就是这些联系的"媒介和维持者"(medium and sustainer)②；宇宙的客观性只意味着它对这样一种意识来说是存在的。我们还可以看到，格林经常将一种构成性的活动归于这个永恒的自我，这种活动相当于创造。它被说成"创造自然"(make nature)；自然被说成

① *Prolegomena to Ethics*, 40.

② Ibid., 68.

是“来自精神原则活动的结果”。但如果我们考虑达至这种结果的方法特征，那这样一些谓词就会显得非常成问题，因为自我若无世界的话就什么也不是了。如果自我作为诸联系的维持者是必要的，那它若无它所维持的诸联系的话就什么也不是了。它们一起存在，或者都不存在；如上所述，它们是作为同一事实的两个方面而存在的。据此，正如鲍尔弗（Balfour）先生在对格林的形而上学所作的批判——几年前发表在《心》（*Mind*）上——中所说，如果我们真要谈论［神圣自我的构成性］活动，“我们必须要承认，说‘自然创造心灵’与说‘心灵创造自然’一样正确；说‘世界创造神’与说‘神创造世界’一样正确”[1]。这远
25 远不是对新康德主义立场的嘲弄，以至于当我们追求完全坦率和科学清晰的表达时，这似乎是唯一可能的表述方式。事实上，在讨论“原因”（cause）这个术语是否适用于描述上帝和世界的关系时，格林自己警告我们：“在行动者和被规定的作为整体的世界中都不存在孤立的特殊性，诸如描述被规定的世界内的任何行动者和被动者、任何原因和结果。”“统一原则（the unifying principle）应该把它自己与它所统一的杂多区分开来，这事实上是统一的条件，但绝不能认为杂多若无统一原则的话还能有它自己的性质，或者这个原则若无它在与杂多世界的关系中所做的事情的话还能有它自己的其他性质。”[2]事实上，他在另一处说：“具体的整体，可以被无差别地描述为一个在与其相关的世界事实中获得实现的永恒理智，或者被描述为一个由这种理智

① *Mind*, ix. 80.

② *Prolegomena to Ethics*, 80, 81.

使其可能的相关事实系统。”[①]除了它被赋予的形而上学意义之外，用了这么多话所表达的几乎就是我们刚才借助先验方法达至的结论。

因此，在格林看来，自我原则或统一原则，若无它在与杂 26
多世界的关系中所做的事情，它就没有它自己的性质。但在与
杂多世界的关系中，统一原则所做的只是统一杂多世界。格林
自己在一个地方告诉我们，我们所知的精神原则只是“一种处在
关系中的统一原则”。[②] 当然，这就是知识的先验分析在知识问
题上所告诉我们的一切。我们沿着这条思路所达至的永恒自我，
不过是一个想象的汇聚点(focus imaginarius)，构成理智世界的
那些杂多关系返回到这上面去。这样一个汇聚点或统一原则使
我们能够用人格现象来圆满完成我们的理论，但它不论在何种
真正的意义上都没有满足一神论(Theism)的需要。改用黑格尔
在另一相关的地方使用过的一个说法，我们可以说，这种自我
就像一位立宪制君主，他统(reign)而不治(govern)——每份文
件都必须要有他的签字才能完成，但当每份文件放在他面前时，
他都会不偏不倚地签上名字。黑格尔说，可以把这样一位君主
恰当地比作御笔一点；君主代表国家的统一性，并给予国家行
动以“我愿意”这一正式**批准**(imprimatur)。与此类似，知识论所 27
揭示的先验自我仅仅代表了宇宙的形式的统一性；除非我们有
其他予料(data)，并沿着不同道路来处理这个问题，否则我们就
仍旧离诸如“精神性”(spirituality)或“自由”这些词的普通意义之

---

① *Prolegomena to Ethics*, 38.

② *Prolegomena to Ethics*, 72.

类的东西很远。格林对“精神原则”这一术语的使用几乎不可避免地要引起误解，而通过它的联想之物，这种用法甚至使格林自己作出一些不能由他自己的证据所证明的论断——这些论断实际上与这种用法是不一致的。

在这方面，康德对他自己道路的认识比那些敢于教他一致性的人更为清楚。使他不得出这些结论的不单是他纠缠于“心理学”偏见。他明白他自己的研究的性质，他知道它能给他带来什么，也知道它不能带来什么。在这点上，康德或许受到了他的批评者的不公正对待。也许他把心理学与他的知识论混为一谈；但如果我们混淆了认识论和形而上学的界限，后果也可能是致命的。事实上，康德可能有时这样做，但他总的来说对他的先
28 验研究与关于心理学事实的研究之间的区别有足够清醒的认识。康德在很多段落中强调他的研究的完全一般性特征。他说，他所处理的不是任何个别的心灵或意识，而是一般意识，即处理“可能经验的条件”①，“可能意识的这种统一性”②，或者如他在另一处所说的，处理“一切知识的逻辑形式”③，处理知识的最终性质，我们可以说，即知识。总而言之，先验逻辑是一项**以抽象方式**(in abstracto)进行的知识研究。但正因为这种研究具有完全一般或抽象的特征，所以研究结果必定也是完全一般或抽象的。它们将是抽象的条件，而非具体的事实或形而上学的实

---

① *Werke*, iii. 575.

② Ibid., iii. 585.

③ Ibid., iii. 578. 反复使用“可能的”(possible)这个词是康德的特征，如“可能的经验”“可能的意识”“可能的知识”；与此类似，康德也反复使用“一般”(überhaupt)这种表达，比如“一般思维”“一般经验”等。

在。根据先验逻辑自己的主张，它的分析向我们揭示了在每一种现实知识中必须满足的某些条件——那些特定的范畴或根本的联系模式，以及作为最高条件的纯粹自我的统一性——但先验逻辑自己并不处理任何现实的认识者(knower)，无论是人这 29
一认知者，还是神圣的认知者。总而言之，先验逻辑处理可能的意识或一般意识，只要它仍是某种“一般的东西”，这种处理当然就是一种纯粹抽象。

但如果这样的话，那不假思索地把**一般意识**(consciousness in general)转变为**一种普遍意识**(a universal consciousness)，就必定是最不妥当的了。当然，这并不意味着：因为我们自称是从任一特殊的经验自我进行抽象，所以我们就是在分析绝对的或神圣的自我意识。知识的先验理论，因为它是一种抽象的研究，所以它必然讨论某个单一自我(a single Self)或逻辑主体；但这种单一性(singularity)是每一个抽象概念都具有的单一性，且无法决定实存理智生物是单数还是复数。我们绝对没有权利将这种关于类型的逻辑同一性转变为某种关于存在的数的同一性(a numerical identity)。至少知识论不能赋予我们这样的权利。然而这似乎正是新康德主义所采取的步骤。它把知识概念等同于一个实在的认知者；而且，知识形式是一种。新康德主义跳到如下结论：我们所面对的是统一主体(the One Subject)，它维持着
世界，且是一切有限的理智生物中的实在的认知者。这似乎是 30
一件很难说的事情，但这样做不外乎是把某一抽象实体化。这与经院哲学的唯实论很像，后者把人性(humanitas)或人(homo)实体化为一种普遍的实体，作为个体的人们在某种意义上是它

的偶性(the accidents)。这里与此类似，一般的知识概念，即纯粹的自我，它是通过从作为个体的人这一认识者进行抽象而获得的，它被上升为一种自存(self-existent)的实在，即“某种永远完满的意识”，个体是它的一种不完美的再现或模式。毫无疑问，可能存在一种永远完满的自我意识，它与我们自己的自我意识之间是一种创造与被创造的关系，格林宇宙论的大部分内容在根本上可能是对的；但如果这样的话，它的真理就必须建立在其他思路上。如下看法是建立在一种谬误之上，即认为永远完满的自我意识是由知识论以这种方式来证明的。

费里尔(Ferrier)在其《形而上学原理》(*Institutes of Metaphysic*)中的论述——在很多方面都与上面的分析很类似——在我看来比格林的论述周密得多，且更符合知识论的条件。简要参考
31 一下这本书或许可以解释当前问题的要点。费里尔在他的认识论和无知论(Agnoiology)中证明了**自在的**物质(matter *per se*)或**自在的**心灵(mind *per se*)的不可能性，并由此规定了所有认知必须符合的某些根本条件。也就是说，他也研究了知识的概念；但他并没像我们所看到的新康德主义那样着手将它实体化。本体论的结论性命题仅仅将这一概念运用于：把已被证明是矛盾的和不可知的东西从存在中排除出去。“为真、为实且独立的存在只能是：心灵与它们所理解的东西结合在一起。”这是倒数第二个命题的内容，最后一个命题是“所有的绝对存在除了**一个之外**都是偶然的；换言之，存在一个唯一的绝对存在是完全**必然的**；这种存在是：一种与万物相综合的至高的、无限的和永恒的心灵”。即使是这样，严格来说也不是知识论单独能提供保证的；

它依赖于一般的形而上学考量。但至少在这里或在提出诸命题
的过程中，都没有确认必然的存在与偶然的存在。关于它们之
间的关系，书中什么也没说，因为知识论没有提供任何材料来 32
规定这种关系。在这方面，知识论的真正作用在于，它排除了自在之物和自在的自我(the Ego-in-itself)，即单纯的客体和单纯的主体，并因此证明了如下论断的正当性：所有我们能够赋予意义的存在必须是为我的存在(existence-for-a-self)，或者也许可以用其他方式表达，唯一真正的存在是诸自我(selves)，即以更高方式或更低方式拥有与我们身上我们所称的自我意识类似的东西的诸存在者(beings)。然而，究竟是存在一个自我(one Self)，还是存在很多自我(many selves)？如果两者都存在，那么这一与多之间的关系如何？这些都是形而上学或本体论问题，知识论引导我们得出的完全一般的结果不能立即解决这些问题。

毋庸置疑，认识论研究的结果必定对形而上学难题产生重要影响；但知识论的作用主要必定是否定性的或间接性的，即它排除某些不被允许的解决方案，而非自己为我们提供一套现
成的解决方案。总而言之，知识论(即使在其修正的形式中)必
须坚持由康德赋予它的批判态度。虽然我们可能不同意康德为 33
支持这种立场所提出的某些论证，但我认为不能否认的是，康德对他自己的研究所持的观点在方法论上是正确的。在我看来，它里面没有什么东西会妨碍我们去构建一种形而上学体系；但它自己不能作为一种独断的理论而存在。

康德本人绝不会默认他的新康德主义追随者们从他的前提所得出的那些演绎——指出这一点几乎是多余的。当然，没有

什么比把先验自我与神圣的自我意识相等同更远离他的思想了，这一点已得到充分证明：康德不断称神圣的自我意识为一种直观的自我意识，即一种非推论的知性，且人们不能理解它的可
34 能性。① 但康德进一步拒绝承认先验自我构成真正的自我，甚至是作为个体的人这一认知者。事实上，这就是他在著名的“纯粹理性的谬误推理”中整个争论的主题。康德在那里攻击旧的形而上学心理学，说它实际上并没有推出相同的结论，但这恰恰与新康德主义对普遍自我的证明所依据的路线相似。形而上学心理学家们也从抽象的自我出发，这构成了知识的前提；由于这种意识的统一性是唯一的、永恒的（或者说在时间之外的）和不可分的，他们继续通过它来证明人类灵魂的必然不朽性。这就是康德所攻击的谬误推理，在其攻击过程中，我们得到了一系列被运用于纯粹自我的谓词，这些谓词对之前堆在纯粹自我身上的
35 一些盛名起到了有益的纠正作用。他说，自我是“在一般思维中自我意识单纯逻辑上的质的单一性”；它本身是一种完全空洞或无内容的观念——我可以将这种完全空洞的表达应用于任何思维主体——不，它实际上是“一切表象的最贫乏的表象”（the poorest of all our ideas）。毫无疑问，这里的论证被诸多无关的想

① 康德似乎预见到，会有人试图把人的意识和神圣的意识之间的差异表述为一种在本质上为程度的差异（one of degree），他在 1789 年给马库斯·赫茨（Marcus Herz）的一封重要信件中明确阐述了自己在这一点上的看法。我们看到，康德在那里说：“人们不能把人类知性看作与神的知性在类上同一的，仅仅在范围上，即在程度上才与神的知性有所区别。绝不能把人的知性看作像神的知性那样，是一种直观的能力，而只能把它看作一种思维的能力。为了产生出知识来，这种能力必须有一个与它完全不同的直观能力（或者直观的感受性）来帮忙，或者更确切地说，来作为素材。”（*Werke*, viii. 719）为了进一步强调在康德心目中存在的个体意识和神圣的自我意识之间的完全区别，我们只需提及康德伦理学结尾彻底超越的上帝概念——一种独特的存在，其功能是按照应得去给予幸福。

法部分地遮掩住了，并受到康德相对主义偏见的影响；但在指出自我的单纯逻辑特征(这是通过对知识进行分析所得到的)时，他不仅被某种更健全的本能所引导，还显示出比他的思辨追随者们更敏锐的洞察力。他说："对一般思维的逻辑探讨被错误地当作了对客体的某种形而上学规定。"这些话是针对形而上学心理学家们说的，且不可能有其他话能比这些话更恰当地描述新康德主义对思维的抽象统一性进行神化所依据的谬误。

第 1 讲增补内容

尽管这也许不是当前论证的一个组成部分，但把康德的如下两种做法联系起来是很自然的，即一方面康德拒绝用一种纯粹逻辑的或形式的统一来代替实在的自我，另一方面他也拒绝外部世界现实与单纯关系之间的同一。康德的自在之物学说，如通常所理解的那样，我不能不认为它在根本上是错误的，而且是很多错误的源头；[①] 但这并不意味着整个外部世界只不过是思维与关系的组合。如果我们以这种方式解决外部世界的其余部分，那似乎没有理由解释为什么我们不应当将我们的同类也还原为诸关系的单纯组合，而这些关系并不独立存在。因为我们的同类首先是作为外部世界的一部分被给予我们的；一些原因使我们赋予他们一种独立的存在(an existence on their own account)，而非单纯的客体，不论是我们自己的客体，还是某种被认作普遍的意识的客体，似乎同样的原因也应当使我们(至少类

① 上一门课程的第五讲主要致力于与在康德和哈密顿(Hamilton)那里出现的关于不可知的自在之物(thing *per se*)的学说作斗争。

似地)赋予外部世界一种独立的存在，或者至少赋予其中的某些存在一种独立的存在。康德在推出了批判体系后，自己坚决反对超出特定限度的思辨；但在他的作品中有迹象表明，如果沉湎其中，他的思辨就会把他引到莱布尼茨的方向上去，对于一
37 个在莱布尼茨派中成长并度过了大半辈子的人来说，这实际上是自然的。如果我们把这看作他的自在之物主张所依据的思想，那么可以欣然承认，很多该学说中会招致反对的东西将消失。

康德关于自我的实在存在的立场，以及他关于事物(不只是关系)的独立存在的学说，事实上构成了一种相当连贯的实在论形而上学(realistic metaphysic)的一部分，这在康德心中被他的批判观念论遮盖了，但从未被抛弃。这种实在论的基础工作在某些圈子里越来越被忽视，因为从康德理论出发的观念论演绎越来越突出。但当这种情况出现时，康德自己的立场就不可避免地被误解了。我们不无兴趣地看到，在个别段落中康德建议对自在之物作莱布尼茨式的解释，恰恰是这些段落被后来的作家用作对费希特理论的预示。于贝韦格(Ueberweg)已经确凿地证明了这一点①，他当时在谈论康德的一个“题外话”，这个题外话出现在“纯粹理性的谬误推理”部分的最后，因此与当前主题有关。康德说的是解释心与物、非空间与空间之间的相互作用可能遇到的困难。正如哈密顿喜欢说的那样，它们好像被存在的整个直径分开了。但事实上，康德认为：“为外部现象(external phenomena)奠定基础的先验客体(transcendental object)，与为内部直观(internal perception)奠定基础的先验客体一样，就自

① *History of Philosophy*, ii. 175.

在的本身来说都既不是物质(matter)，也不是思维着的存在者(a thinking being)，而是诸现象的一个我们不知道的根据。”①“…… 38
我完全可以假定就我们的外感官而言应当具有广延的那个实体，就自在的本身而言则具有思想，这些思想是可以通过这实体自己的内感官而有意识地得到表象的。以这种方式，在一种关系中被称作有形的同一个东西，在另一种关系中同时又会是一个思维着的存在者，我们虽然不可能直观到它的思想，但我们却可以直观到这些思想在现象中的迹象。”

① In first edition. *Werke*, iii. 694. 塞斯此处引文页码有误，应该为 *Werke*, iii. 604。——译者

39

第2讲 费希特

在我们这里所关注的哲学发展中，费希特是一位重要人物。正如我们在上一讲中所提到的，费希特是第一个将康德知识论转变为一种绝对的形而上学的人，通过这样做，他为德国观念论的整个结构奠定了基础。费希特在他的一般操作模式中，在他面临的困难以及在这些困难促使他作出的承认等方面都让人感兴趣且富有教益。由于直接以康德为基础，费希特的建构在某些方面与诸如格林这样的新康德主义者的建构更相似，而不是与后来不易理解的黑格尔体系相类似。

40 虽然费希特直接以康德为基础进行建构，但他代表了一种完全不同的心灵类型。康德是有耐心的和分析的，费希特是大胆综合的；就像刚刚所称呼的那样，他的体系在本质上是一种建构。这种建构用来解释感觉和理性的二元性，即接受性(receptivity)与自发性(spontaneity)之间的二元论，康德要么把它作为一个终极事实而保留下来，要么只是指公认的心和物之间的心理学对立。费希特声称要向我们提出一种对这种心理学现象所作的形而上学解释。他一开始就轻蔑地否定了自在之物，认为它在任何意义上都不是一种**哲学的**解释。通过指向某种我们一无所知的自在之物来解释感觉或“被给予的东西”，就是用我

们没有知识的话来使难题更加费解。费希特坚决不肯相信康德
可能有意这样解释自在之物。这位急躁的哲学家说："如果他作
出了这样的声明，我将认为《纯粹理性批判》是最奇怪的机缘
(chance)的产物，而不是一个人的思想作品。"当康德不久后发
表相关问题的声明时，他的失望的学生*就被迫反思，康德身上
的神圣精神(the Holy Spirit)比康德以个人能力所作的思考更符
合真理。对于费希特本人来说，如果哲学真要成为哲学，它就 41
必须是**完整的**(in one piece)，这是一条公理。哲学阐释必须是
从一个单一的原则出发演绎出存在的明显不同的要素；停留在
一个无法解释的二元论之中意味着对哲学的绝望。

但如果由此每一种真正的哲学就是某种类型的一元论，那
么，费希特接着说，就只有两种可能的哲学体系或类型，我们
必须从中选择其一。他称其中一种为独断论，这种思维模
式——如果自身保持一致——最常见的形式是唯物论，尽管斯
宾诺莎主义也被看作在一个更高的层面上严格独断论的典型例
子。与独断论相对的思维体系或类型，费希特有时称之为批判
论(Criticism)，有时称之为观念论(Idealism)。这两种体系的对
立在于：独断论从"物"的绝对或独立存在开始，因此不可避免
地导致最终把有意识的理智解释为它们的产物；而相对地，观
念论拒绝从自我以外的东西开始，并最终把"物"解释为自我的
生产性活动形式。在独断论那里，自我被看作所有"物"中的一 42
个，它通过普通的因果关系过程从这些物的组合中产生；用费
希特自己的话来说，自我在这样的体系中成为"世界的偶性"。

* 即费希特。——译者

如果一旦采取这种态度，那这种偶性的实体是诸如斯宾诺莎那里的神圣本质，还是诸如唯物论者那里的宇宙原子(cosmic atom)，就相对来说不重要了。无论在哪种情况下，我们的哲学都将成为超验的(transcendent)，因为我们超出(毋宁说试图超出)自我以外，并使它成为其他东西的一种偶性或附属物(appendage)。相对地，费希特在叙述他自己的哲学的特征时说，批判论在其操作程序上始终是内在的。可以说，自我取代了独断论中的普遍本质；自我不是“物”的结果，相反，万“物”都在自我的范围之内存在。自我是第一性的、不容置疑的事实；或者用费希特的话来说，自我是永恒的行动(act)或赋能(energising)，我们通过它而生活，一切存在都包含在其中。

此外，只有观念论提供了真正解决问题的方案。独断论对
43 自我意识或自我的起源所提供的解释是完全虚幻的。它没有阐明自我意识的本质特征——二元性或双重性(the duality or doubleness)，如果可以这么说的话，这就在于知识和反思。自我不是一种单纯的事实，不像独断论者所设想的是一个“物”那样存在；它是存在和对存在的知识的合一。理智不仅仅存在，它还注视它自己的存在。它是自为的(for itself)，然而物的概念则是：理智不是自为的，而仅仅是为他者的(for another)，也就是说，为了其他理智的。费希特说：“因此，在理智中——我形象地表述我的意思——有双重系列，即存在的系列和注视的系列，实在东西的系列和观念东西的系列；与此相反，物却只具有一个单纯的系列，即实在东西(一种单纯被设定的存在)的系列。所以，它们处在两个世界里，在这两个世界

之间是没有桥梁的。”①物在一个被机械规定的因果链条中产生物，但这种因果行动全都在实在东西的系列中；从物到对物的观念之间没有桥梁，从一种单纯的物的世界到一种认识物的意识之间没有通道。费希特说，任何试图填补这一鸿沟的努力都会被证明是“一些空话……对于这些空话，人们尽管已经记得烂熟，能够复述出来，然而还没有一个人真正有所思考，将来也 44
不会有任何一个人有所思考”②。因此，除非我们接受，具有二元性的自我是一个终极事实，或者说是构成世界的终极事实，否则我们就永远无法沿着独断论的路线达到它。据此，由于具有自我意识的自我的存在不是一个多少可能的假设，而是我们自己的经验中的永远存在的事实，所以我们被封闭在观念论的敌对体系中。事实上，自我的本质正在于，它不能由它自身以外的任何东西产生；它是以自我为中心的，是自我创造的，它的生命是对自身持续地一再加以确认。用费希特的话来说，自我是绝对命题(the Absolute Thesis)、自我设定(self-position)或自我确认(self-affirmation)。

这种强有力的陈述可能会被认为是对它所针对的观点的一种充分反驳。从根本上说，不可能把自我的存在解释为**从外部而来的**(ab extra)行动的结果；它只通过自己的活动而存在。正如费希特所说：“我完全是我自己的创造。——我们把我们提高到理性的高度，并不是通过自然规律(Law of nature)，也不是通过由自然规律引申出来的推论，而是通过绝对自由(absolute

① *Werke*, i. 436.
② *Werke*, i. 438.

freedom)；并不是通过过渡（transition），而是通过一种飞跃
45 （leap）。”①任何人都可能在这样的陈述中发现矛盾，这涉及对有自我意识的生命之起源的每一种解释；因为我们自己的存在构成了我们的必然前提，这肯定是上述问题的本质所在。我们在这里遇到了一个令人费解的奥秘，因为设想我们自己的起源将意味着完全超越我们存在的条件。如果这种设想是可能的，我们就会马上从我们个体的依托中解放出来。也许那时我们应该像上帝一样；但人类的理性在这样一个问题的边缘徘徊。

然而，费希特的话除了试图解决它们所暗示的问题之外，它们对我们有吸引力，因为它们真实地呈现了具体的自我的典型特征，即它的以自我为中心的能动性，这排除了机械的因果性观念，并禁止我们把自我当作一种包含任何物或物的体系的容器。但费希特走得更远，我们只是开始讨论他的体系中最有特色的部分。其实，他的哲学的很大一部分只不过是试图克服或合理化上面引述的他自己的话中所包含的矛盾。他试图在具
46 体自我中区分纯粹的或绝对的自我与个别自我。费希特告诉我们，这种绝对设定或自我创造在严格意义上不是指个别具体人格，而是指“作为绝对主体的自我”，是指“纯粹意识”（pure consciousness）。费希特说，这种纯粹自我并不是一种我们可以在我们的经验意识中所发现或查验的事实；相反，它是一种行动（act），这种行动“是一切意识的基础，是一切意识所唯一赖以成为可能的那种东西”②。如果我们能以这种方式划分角色

① *Werke*, i. 298.

② *Werke*, i. 91.

(rôles)，把创造性功能分配给纯粹的自我，把创造物部分分配给经验的自我，那么矛盾的负担似乎就轻了一些。这种做法在哲学史上也不是什么新鲜事；因为我们在亚里士多德那里发现了一个非常类似的分工，即主动理性(νοῦς ποιητικὸς)和被动理性(νοῦς παθητικὸς)。但在费希特那里，这种区分直接来自康德的方案。绝对自我只是康德的统觉的先验统一性，但现在费希特已经把这种统一性与宇宙的核心创造性思维等同起来了。在康德那里，纯粹的自我是人的思维功能，它产生了现象世界
的形式，而且只是形式，但对费希特来说，纯粹的自我已经成 47
为一个绝对世界的绝对创造者。

在费希特那里我们可以发现，他对绝对自我和经验自我所作的这种区分包含了一种对知识中明显“被给予的”(given)的要素的解释，这在一开始就被称为他的哲学的基本动机。因为费希特并不像康德那样否认，普通的意识的内容对它自己来说看似来自一种异己的来源。他承认，客观世界对个体来说首先只是一种被给予的质料(material)，为个人所接收；在最严格的意义上，个体可以说是发现客观世界呈现在他面前。费希特把意识的这种客观方面称为“非我”(Non-Ego)，因此远远没有否认康德在其关于知识里被给予的要素的论断中所提出的事实。但是，如前所述，他寻求对这一事实或现象进行思辨性的解释，很难说康德曾尝试过这种解释。①

然而，我们发现，费希特的解释并不在理论领域，即作为
知识的知识领域。众所周知，康德认为，只有在处理实践理性 48

① 见增补内容，第 74 页。

或道德理性时，他才深入到自我的本体实在性；而正是在这里，费希特天性中强烈的伦理热情与康德哲学最紧密地联系在一起。在费希特看来，在实践理性或意志中，我们发现了世界进程的实在性。对于这种实在性，知识仅仅给出了一种描绘、一种表象、一种解释。在义务或道德命运的观念中，我们可以发现存在的终极解释或存在的终极意义。那么，从这种观点来看，我们首先直观到客体作为非我——作为某种看似外来的和异己的东西——的必然性。只有通过非我，作为一种阻碍，自我的实践活动才能得到实现。因此，创造或“设定”(positing)非我是绝对自我本身为了达到自我实现而使用的手段。他说：“绝对自我是与绝对自身等同的，就是说，在它那里的一切都是同一个自我，属于同一个自我(如果可以这样不恰当地表述的话)。在那里，没有什么可加以区别的，那里只有一，没有多，它不是复多性的东西(multiplicity)。自我是一切(everything)，又是无(nothing)，因为它对它自己而言什么也不是……由于它的本质的缘故，它努力于(这同样只是为了将来的关系而采取的不恰当的说
49 法)让自己保持在这种状态中。——它在它自身给自己制造出一个不等同性(difference)，从而制造出某种异己的外来物(something alien or foreign)。”①有限的自我或实践的自我产生了不等同性，这种不等同性被如此神秘地表达出来，它必须被简单地接受为事实；而阻碍其活动的非我也因此保持了一种外来特征。然而，由于自在之物可被看作一种被戳穿了的虚构，而非我是仅仅为自我而存在的。因此，从思辨观点来看，对立现象必定

① *Werke*, i. 264-265.

要被认为是由于自我本身的性质和行动造成的。我们可以说，这是它自己的活动，它采取了一条迂回的道路。

这实际上是费希特著名的阻碍(Anstoss)理论，即意识在阻碍或一系列对立中产生。在阐述这一思想时，费希特危险地使用了大量的机械比喻。然而，费希特的基本看法是，绝对自我可以被比作一种无限向外的活动，这种活动被认为是无形式的和无特征的。它需要针对某种阻碍来打破自身，从而就像它被反射到自身一样，以便它可以达到自我意识，即以便我们能够发现它自身内的任何东西，或者将某种谓词理智地应用给它。因为费希特非常明确地说，只有受到限制的自我才是有意识的，它的努力被一种相反的努力所满足。“只有通过和借助这种非我，自我才是理智(Intelligenz)。”[①]假如情况不是这样，如果自我是一切(all in all)，“恰恰由于自我是一切，它又会是无”[②]。

从任何字面或机械的意义上看，对这种建构的反对是相当明显的。对在意识之前的虚空的整个探索，就是试图超越自我意识并从先前的存在中构建自我意识，因此要在之后着重谴责这些尝试之徒劳。阻碍完全是一种比喻，它取自具体的自我对物质性阻碍的斗争，因此完全不适用于理智的行动以及理智与其对象的关系。此外，绝对自我不能接受阻碍，因为它要么同时是主体和客体，因此是无所不包的，在它之外没有任何东西能影响到它；要么，由于没有自我意识，正如费希特本人所说，它是“无”。最重要的是，人们可能会问，当我们所拥有的不过 51

① *Werke*, i. 248.
② *Werke*, i. 261.

是一种无形式且无目的的活动时，我们谈论自我是什么意思？

但是，如果说费希特自觉地想给出一种刚才所指出的机械式解释，这对他来说也许是不公平的。无论如何，那些对其理论的反对，以及这种理论所引起的多种误解，使他愤然否认他曾梦想在所有意识之前给出意识的一种现实构造。① 他认为这样的解释是对他的意思的严重误解——仿佛在一个人出生以前提供他的生平。他称："意识只是与其一切性状同时存在的……宇宙（the universe）对他毕竟是一个有机整体（one organic whole），它的任何一个部分在所有其他部分不存在时是不能存在的；因此，它根本不可能是逐渐产生的，而必定是在它业已现实地存在的任何时期整个现实地存在的。"换句话说，他要告诉我们，他不是在叙述曾经发生过的事情，而是在分析一个永恒的事实或过程。简而言之，是将意识分析为其不同的环节（moment），尽管这些环节是不可分的，尽管它们其实只是抽象物，只是被
52 设想为单独存在的。我们不能拒绝接受一种如此明确的声明。实际上情况可能是，在他的哲学的这个阶段，除了有限的个人的自我意识之外，费希特似乎并没有考虑其他任何自我意识是实存的（existent）。对费希特来说，"存在"（being）、"实存"（existence）以及诸如此类的术语，总是有一种粗鲁的意味。因此，他乐意承认，经验性的个人才是世界上的实存者或实际的存在者，尽管他同时坚称，这些实存者从宇宙的某种道德秩序中获得其意义。因此，在这个阶段，费希特并不认为任何实存都归因于绝对自我；对他来说，它只是经验性个体的自我意识的一

① Cf. *Werke*, ii. 379 and 399.

个方面。因此，他不能不强烈驳斥对其理论的一种解释，这种解释——用他自己轻蔑的说法——把他的理论变成一种叙述（story or tale）。

据此，在费希特的这段时期，我们得到了也许是其观念论的最典型形式——他喜欢将这种观念论描述为实践的，而非独断的。它不是着眼于事物产生的根源，而是着眼于它们的目标或命运，并非规定它们存在什么，而是规定它们应当存在什么。[①] 仔细研究一下宇宙在这一理论中的表现是有价值的，以便 53
弄明白这一理论在多大程度上是站得住脚的，同时弄明白费希特在多大程度上持续坚持了他所声称的关于绝对自我的立场。

如前所述，他否认任何类似于物的某种原始实在或来源。有限的、努力的自我构成了现实存在的总和，外部世界只是他们的道德行动的材料或领域。当然，有限的自我的努力是由于每个人都有某种道德命运的理想。这种理想是整个斗争的动力，它永远或永无止境地向前进。“我们的绝对存在的理念”引导着我们前进，这种理念有时也被称为“自我的理念”，也就是说，一种绝对或不受阻碍的活动的理念引导我们前进。正如亚里士多德的“目的”（τέλος/End）那样，这种“自我”的理念及其所内含的永恒的“应当”（Sollen/Ought-to-be）理念，包含了对整个进展的解释。但是，我们可以从费希特那里知道，自我的理念并不是永远在先的（prius），在这一方面它与亚里士多德的“目的”不同。它**仅仅**是一种理念，且永远不会是现实的。它不能得到实现，其充分的原因在于，对立的消失将意味着意识所依赖的 54

① Cf. *Werke*, i. 156.

斗争的停止。

毫无疑问，正是由于费希特具有很强的道德热忱，以及由于他有些特别关注经验的那一面，才使他这样来表述他的哲学。但即使作为一种伦理形而上学，这样一种理论也是不够的。如果道德被表现为对一个目标的追求，而目标的实现对道德本身和一切有意识的生命来说是自杀性的，那么道德就变得虚幻了。谢林在其年轻时的作品《论自我》(*On the Ego*)中明确地表达了这一结局——费希特本人称赞这部作品完美展示了《知识学》的理论。谢林说："有限自我的最终目标是扩展它的范围，直到实现与无限自我的同一。但是，无限的自我不知道任何客体，并因此也不具有任何意识或意识的统一性，比如我们所说的人格。因此，一切努力的最终目标也可以被表象为将人格扩展到无限——也就是说，表象为它的湮灭(annihilation)。有限自我的最终目标，不仅是它的最终目标，也是非我的最终目标——因此
55 也是世界的最终目标——是它作为一个世界的湮灭。"[①]那么，如果我们不想对人类失望的话，我们完全可以把目光从目标上移开。简而言之，根据费希特的说法，在宇宙中没有任何永久的实在。可以说，世界悬挂在两种虚空之间：一方面是纯粹的或绝对的自我，除了它所构成的有限的个体之外，它是完全空洞的；另一方面是"自我的理念"，它被认为是无法实现的，如果它实现了，它就会成为完全的空白，所有有意识的生命都会坍塌。

---

① *Vom Ich als Princip der Philosophie*，§ 14.

但是，这样一种完全实践的观点作为一种宇宙形而上学不可能维持很长时间。多样的经验性的“自我”既不能被理解为从形而上学方面所作的自我解释（self-explaining），也不能通过提及一种目的来解释，目的仅仅是一种理念。有证据表明，费希特本人——尽管如前所述，如果受到质疑，他一度可能会勉强同意如下说法，即宇宙的实在仅仅由进行努力的有限自我所组成——在任何时候都不会对这个结论完全满意。而且，尽管费希特在绝对自我（它先于并独立于其有限的实现）的存在方面作 56
了否认声明，但如果我们不相信费希特至少是半自觉地受到了某种在先的东西的推动——这种在先的东西不应该仅仅是逻辑上的，即某种在形而上学方面在先的东西或终极实在，我们或许可以从中解释有限自我的起源——那么就很难令人满意地解释这种关于绝对自我和阻碍的理论的极致阐述。

当我们转向费希特理论的后期形式时，这种看法得到了确认。正如我们所看到的，他一开始否认他是要谈论一种真正在先的东西，但他几乎马上就感到，没有某种终极实在是不可能的。同时，他也很快认识到“自我”这个术语的难以适用，“自我”意味着对理论所导致的这样一种在先的东西的自我意识。据此，我们发现两个并存的过程；他逐渐放弃使用“自我”这个术语，同时更明确地接受了某种形而上学的基础或来源的观念。因此，费希特于 1800 年在《人的使命》（*Destiny of Man*）中谈到绝对自我作为主体和客体的同一时，他把绝对自我规定为“既不是主体，也不是客体，而是为两者奠定基础的，两者才由此得以产生”，并紧接着提到，“这不可理解的统一体（the incomprehensible One）分裂 57

为主体和客体”①。早在 1801 年，我们发现他就放弃了“绝对自我”(Absolute Ego)这一术语，而采用了“绝对”(Absolute)这一更普遍的称谓。费希特的年轻弟子谢林也采取同样的做法。当谢林把“绝对”规定为主体和客体的无差别的点(the indifference-point)——“单纯的同一性，而在这种同一性中是不可能有什么区别的”——此时不能再怀疑他为我们提供了关于现实世界的一种形而上学基础或来源，但也不能伪称，这些术语表明了一种自我，一种理智的或精神的原则。费希特曾把他自己的体系描述为一种颠倒的斯宾诺莎主义，其中绝对自我取代了实体，从而维护了自我意识生命的权利，并论证了观念论这一名称的正当性。但在这里，这个体系的自我发展证明，当它被设计出来时，它又回到了纯粹的斯宾诺莎主义。绝对自我转变为绝对，结果不过是一种绝对实体，一切规定都不在其中。它与“无意识”(Unconscious)或“未知”(Unknown)和“不可知”(Unknowable)等否定词处于同一地位。

58 然而，这个结果对费希特的理论来说不是偶然的；它是费希特所追求的推理方式的自然和必然的结果。在第 1 讲考察康德哲学时，我们花了相当长的时间讨论了不可能将先验的统一性与它所统一的经验意识分开。如果假定二者是可分开的，这就好像我们假定一根棍子的一端可以没有另一端而存在。康德没有受到把先验自我与经验自我分开的诱惑，因为前者对他来说只是一般思维的逻辑统一性，他从未考虑过把它等同于某种神圣自我或创造性的自我。但费希特明确走了这一步(这构成了

① *Werke*, ii. 225.

他的兴趣和重要性)——格林重复了这一步，而且这构成了新康
德主义的核心原则。一旦达成了这种先验自我与神圣自我或创
造性的自我的同一，也就是说，一旦我们开始谈论绝对自我或
普遍意识，分离的诱惑就变得不可阻挡了。我们几乎很难避免
把这种“永恒自我”实体化，并赋予它一种创造功能，即在杂多
的人类个体方面的创造功能，这些个体看起来很少能独立存在
和自我解释。正如我们所看到的，格林多次将这种创造性的行 59
动归因于他的精神原则。事实上，我认为，正是如下原因才促
发了上述同一：由于需要某种永久的原则，那些杂多的个体自
我可能被认为依赖这种原则，再加上认识到，没有一个自我可
以通过外部的行动从唯物论或准唯物论(quasi-materialistically)上
得到解释。除非这两个自我能够被远远地分开，以便能提供所
需的形而上学解释，否则同一的魅力就会丧失。

真正生活在这个思想阶段的人，可能都不会不记得当新原
则的意义第一次闪现在他面前时的兴奋，这种原则似乎给老问
题带来了新方案。在适当考虑到物的统一性的情况下，把上帝
设想为一个客体(object)，一个完全外在于我们的东西，这已经
是不可能的了；相对地，随着自我意识以及一切由此与之相关
的东西浸入一个一般生命——理性和良知都宣称低于我们自己
的一般生命，这似乎只会重新陷入普通的泛神论(Pantheism)。
但是，在这种两难境地中，普遍意识似乎作为一种创造性的力
量出现在我们身上，这种力量不是在我们之外，而是在我们之
内，它不是创造一个客体世界并让它死寂地独自存在着，而是 60
可以说在我们每一个人身上永远地展开着世界的普遍景象。因

此，世界在每个有限的精神中永远被重新创造，对理智的启示(revelation to intelligence)是我们唯一可以接受的“创造”这个被滥用的术语的意义。我们在这里有一种新的和更好的贝克莱主义(Berkeleyanism)，因为上帝在这个系统中(似乎)不是一种未知的精神，好像隐藏在现象的后面；上帝离我们任何一个人都不远，不，他就在我们里面，在某种意义上他就是我们的自我。在这里，我们也有一个原则，它似乎和泛神论一样满足了对统一性的迫切需要，但这样做并没有牺牲自我意识的要求。因为“自我”，作为宇宙永恒持续不息的主体，它构成了这套体系的开端、中项和终点。

我不认为我把这种观念对许多人的思想所产生的显著影响归因于像这样的考虑是错误的。这种观念像一个全新的观点一样闪现在他们面前，并似乎将他们从众多的困难中解救出来。这种解脱可能部分是虚幻的，但接受这种观念并不因此是一种
61 思辨上不足的标志。相反，这样一种观念只有思辨的头脑才能产生，而且为了在理智上领悟这种观念，同样需要一种真正的思辨性努力。然而，这种所设想的解决方案仍然包裹着致命的模糊性。当最初在我们脑海中产生信念的情感冲动消退后，我们不得不承认，无论这样的观念可能包含什么真理的预示，就其本身而言，它是一种抽象的游戏，它在本质上是不可能的且没有意义，但如果它被作为一种形而上学来认真对待，它将使上帝和人都丧失实在的存在。因为可以确定的是，如果我们不想以话语作为我们自己的报偿，那么，对于上述说法的连贯性来说，根本的是，这种神圣自我、有创造性的自我应该真正作为

如下这样一种东西而存在：它不仅仅是它所创立且在其中起创
造性作用的那些个体。如果这种解释要想满足我们的形而上学
需要和宗教需要，那么绝对自我就必须真正地是一个自我。如
果它要承担体系分配给它的形而上学任务，并要证明比如“精神
原则”这种名称是合理的，那么它就必须是自为的，对它自身具
有自我意识。事实上，我们很容易发现，许多拥护这一理论的
人都明确地把这样一种自我意识归给绝对自我；而更多的人， 62
在自己没有弄清问题的情况下，却习惯性地被同样的联想所左
右。然而，为了清晰思考，我们不能不明确地指出，对这样一
种神圣自我概念及其与人之意识的创造性关系而言无论有什么
其他论证理由，在当前所考虑的理论中绝对不存在论证理由。
该理论不仅没有表明绝对自我是有自我意识的和有创造性的，
而且如果当它(它是个别意识的统一)与个别意识相分离时，它
在严格意义上是“无”，那么对它作出这样的论断就变得没有意
义了。不管怎样，这种神圣自我借此得到实现的实体化过程就
是这样。这就好比我们提出个体的具体人格——这种人格在其
某些方面可以被描述为杂多性中的统一性，或变化中的永恒
性——并将统一性与杂多性区分开，把统一性归因于一种普遍
自我或神圣自我，并把杂多性或不断变化的“意识状态”视为经
验性的自我或作为个体的个体(the individual *qua* individual)。像
费希特或格林这样的思想家在受到质疑时完全承认：真正的自
我意识存在——在这个词的普通意义上——只有在这两方面结 63
合起来时才实现。然而，这样一来，这种真正的自我意识似乎
是普遍自我的活动的结果，好像后者以某种方式向自己提供了

以意识的经验状态为性状的质料，然后它进而把这些东西统一起来。但这是寻求从两种抽象物的结合中产生出一种实在。我们对某一具体自我的两个不可分离的方面进行区分，并将其中的一个方面作为实体(substantiate)，且让这个方面承担上帝的责任；剩下的另一方面，我们确实没有将其作为实体，但我们认为它是第一种抽象物所产生的结果。但正如我所说，这种做法的真正结果是使上帝和人都丧失实在的存在。这在上帝那里是显而易见的，但在个体身上也不例外。经验性的自我不是实在的自我，他不是完整的人；因为人的一半被取走并被造成一个神。可以说，经验性的自我只是人的意识的客观方面。他没有他自己的自我，他的“意识状态”可以是这种自我的对象，而神圣的自我——在所有人中都同一的自我——被拿来为他履行这
64 一职能。这样一来，个体似乎不过是神圣自我的一个对象，是被神圣自我串在一起并加以审查的一系列现象——神圣自我以完全相同的方式对这样一些所谓的个体履行这一功能。事实上，这样的表述以一种彻底性——很少有泛神论体系可以与这种彻底性匹敌——抹去了个体的自我性(selfhood)和独立性。但是，当问题如此明了时，这种表述显然就不可能是真实的。实在的自我是完整的、不可分割的，而且在每个个体身上都是独一无二的。这是意识的毫不含糊的声明。一种试图削弱它的基础的论述是，将类型的同一性转变为存在的数的统一性，然后将实在的个体视为这种被实体化的抽象物的偶然形式。但是，我们都以第一人称谈论自己，使用相同的术语“我”，这种事实肯定不意味着这个逻辑主词穷尽了它所代表的东西的实在；代表的同

一性也不意味着，所有这些不同的自我在数上是同一个自我。相反，无论有什么相似之处，它们都是绝对且永远相互排斥的。

当迈出第一步后，关于这个被实体化的抽象物的思维进展 65
就如我们刚才在费希特与谢林那里对它所做的考察那样。他们发现，所谓的“绝对自我”根本就不是“自我”；因此，“自我”这个术语被放弃了，剩下的是“绝对”，它没有进一步的指称，它就像胎胞一样，所有事物都产生自它。这种方案以一种简易方式来解决一切问题，但它似乎放弃了“观念论”应该努力实现的一切。如此设想的绝对是一般存在的基础，它无法被述谓；或者，用黑格尔著名的话来说，它就像一切母牛在黑夜里都是黑的的那个黑夜一样。因此，这是一种圆满，不需要再阻止我们前进。费希特自己后来的发展更有意思，因为这些发展很快就放弃了这条道路，并显示出要努力更认真地应对相关困难。①

我们已经指出，他是如何开始停止使用“绝对自我”这一术 66
语的，同时更为明确地提出如下观点：个体理智是原因上在先的东西（a causal *prius* of individual intelligences）。他后来最常用来指称这种在先的东西的术语——例如他在其柏林演讲中所使用的术语，以及他在精心准备出版的名为《意识的事实》这部重要著作中所使用的术语——是“生命”（Life/Leben），或“普遍的

① 关于这些发展，我限制在他的更学术化的言论上，因为这些言论考虑到了表达的科学准确性，我没有涉及他更流行和半宗教性的演讲。费希特以多种（通常是未完成的）形式提出他的观点，并以不同的术语来表达它们，这使我们很难区分他后来的立场。我们可以提出疑问，在某些问题上，这些观点是否在他自己的头脑中已经有了明确的形态。下面的引文都来自《意识的事实》（*Thatsachen des Bewusstseins*）。

生命”(the universal Life)。现在看来，他所说的不是抽象的先验统一体，而是自然，即要素性的和无意识的存在，作为一种历史事实，人类个体似乎就是从这种存在中产生的。他说，除了从有意识的存在者的自由行动方面来感知世界之外，世界是“一种单纯客观的存在，一种单纯外溢和纯粹外在性，没有任何内核(inner core)”①。“如果要实现自由活动”——当然，对费希特来说，这是存在的唯一有价值的目的——“统一的生命(the One Life)首先必须把自己从那种普遍性和分散性(dispersedness)中聚
67 集到唯一的点上……在这种收缩中，收缩本身的那种力量显然是统一的生命，因为除了它之外，什么都不存在。个体(the individual)只能由此而产生，统一的存在的自我收缩是原初的个体化行动(actus individuationis)”。他显然很想尽可能地清晰，因为他继续重复说：“那么，是什么造就和产生了个体？显然是统一的生命，它通过自我收缩……如果生命要行动，它就要采纳个体形式，这绝对是必然的。除非以个体形式，否则不会有任何行动，因为只有这样，生命才会把一个自身集中到一个统一点上，一切行动都必须从这个点出发。只有在个体形式中，生命才是实践原则。”②他重申：“严格看来这样说是否正确：个体会意识到他自己？绝对不正确，因为个体还根本不存在；那么，他怎么可能成为某种东西？相反，我们应该说，生命以个体的

① *Werke*, ii. 639. 他在后面几页说，这种生命本身既不在空间中，也不在时间中；它是一种单纯的力量，一种没有基质(substrate)的纯粹力量，它本身根本不是一种现象，因此不能被直观，但它是一切可能的现象或可直观的存在的基础。

② Ibid., ii. 640, 641.

形式并作为个体而意识到了它自己。”[1]此外，我们还可以进一步说：“普遍的生命[2]每时每刻都在重新创造个体；或者在不严格的意义上，我们可以用个体中生命的静态形式作为一种逻辑主 68
体，并说个体每时每刻都以绝对的自由来重新创造自己。”然而，我们必须永远记住，个体本身并不是一种自为存在，“而只是”统一的生命的“一个偶然形式”。[3]“统一者（The One）不会在它的多样和对立的形式中丧失自己，而是在它们的所有变化中保持不变，因此它在生命中完全是自为存在。”正如我们将看到的那样，统一的生命不是等同于上帝的绝对，而是“生命中的绝对，与它的单纯现象相对立”[4]。

这充分证明，**在先的**东西——个体从中产生——并不是“自我”这个词普通意义上的自我。它是自然，费希特把它看作他所说的普遍生命或力量[5]的可见现象。但是，可以反驳的是，他现在使用的术语似乎都意味着意识是真正从无意识中产生，理想从现实中产生，之前费希特曾称这是不可思议的。然而，对费 69
希特来说，这种矛盾过于明显，以至于他不会犯这种错误；通过仔细观察，我们发现，他说“生命”是“知识的生命”[6]，而在其他时候则明确把知识与生命等同起来。[7]有时，他用“普遍且绝对的思维”这种词组，而非“知识”。他说：“普遍且绝对的思

① *Werke*, ii, 647.

② Ibid., ii. 649. 英译为“The universal Life”（普遍的生命），在德语原文为“Das Leben”（生命），兹按英语处理。——译者

③ Ibid., 640.

④ Ibid., 642.

⑤ 他有时用“力量”（Kraft）来替换“生命”（Leben）。

⑥ Ibid., 555.

⑦ Cf. Ibid., 685, &c.

维，思维其他自我(我自己也在其中)，也就是说，它通过它的思维而产生它们。”①“例如，在直观的第一种无反思行动中，不是我在思维；毋宁我们必须说，思维本身作为一种独立的生命，在它自己的激发下，通过它自己的力量来思维它自己。”这显然与上文所说的“普遍的生命”与个体思维者之间的关系完全类似；同样，在这种联系中，他认为个体只是知识由此达到自我直观(self-perception)的点。而且，他再次谴责流行的偏见或失实陈述，即根据他的体系，世界是个体思维的产物，他说(在措辞上略有不同)：“那统一、直接的精神生命本身，而非个体，才是一
70 切现象的创造者，并因此也是作为现象的诸个体本身的创造者。因此，《知识学》才如此强烈地坚持认为这种统一的生命是纯粹的，没有基质。理性、普遍思维、知识本身高于且多于个体。如果说个体拥有某种理性作为他的偶性，除了这种理性外，其他理性都不能思维，那这就等于说没有什么东西能自己思维。”②这里刚才指出的蔑视在该书的结尾处得到了充分的表达。费希特在那里严厉声称：“知识是真正独立和自在的存在。因此知识是一种自由且独立的生命，我们不要求知识的任何承载者。”没有这种承载者就没有能力去做，费希特把这种无能称为“哲学的绝对毁灭”。“不是人拥有知识，而是知识——如上帝所愿——应拥有人。”③

那些熟悉黑格尔体系及其发展的人不会不注意到，费希特后期思辨的这种结果与一些黑格尔主义者提出的非位格的思维

① *Werke*, ii, 603.

② Ibid., 607, 608.

③ Ibid., 688.

体系——他们认为它是宇宙的最终实在——以及该体系能够为其找到空间的唯一上帝是多么相似。然而，正如已经稍微提及的那样，费希特并不把这种独立、自为存在的知识与上帝等同起 71
来。他对这个主题的论述几乎是在我们刚刚所考察的作品末尾才展开的。他似乎说，知识必须要有一个对象；如果它仅仅是关于知识的知识，它就会崩塌成空无(nonentity)。知识的对象是上帝，知识据此就被描述为上帝的形象(image)或直观(perception)。然而，更严格地看，可以说，上帝从来没有被纯粹地认识过，因此，知识或生命(它们是完全相同的术语)可以被更好地描述为“无限努力成为上帝在实在中的形象”。上帝本身是“绝对的、自为的，它不进入[世界]过程之中，且从未成为现实：对于它，除了说它存在之外，我们绝对不能再说其他的了”①。

这种上帝学说是费希特后期思想所特有的，而且阐述得如此晦涩(除了完全是传记性的兴趣之外)，以至于在这里对它进行过长论述就不太合适了。但至少明显的是，他现在赋予上帝一种存在，它处于进展过程之外并超出这一过程，而这一过程以前构成了他的整个宇宙。他似乎曾感到，有必要通过如下论 72
断而把永久性与形而上学的实在性带入他的体系，即宣称这种绝对存在是解释的最后阶段和一切知识的对象。因此，费希特至少有如下值得称赞的地方，即他面对了存在模式(我们要把它赋予神圣存在)问题，面对了他与世界进展过程的关系问题。我们将发现，这在黑格尔体系中是一个绝不容易确定的问题。同

① Cf. *Werke*, ii. 680-87. 并未找到与此处引文完全相应的德语原文，应该是作者在这几页中归纳概括的。——译者

时，值得注意的是，费希特在这个主题上的结论——他宣称一种绝对存在，它并不进入[世界]过程——是他对其早期体系进行长期批评和修改的结果。

在费希特理论的这个新版本中，需要顺便说一下的第二点(也与黑格尔有关)是，绝对自我转变为“绝对知识”或“普遍思维”等概念，它是自我支撑的，它确实依赖于上帝，上帝为其客体，但它不需要主体或承载者，它本身通过自我集中(self-concentration)这一过程产生个别主体。空洞的自我最终消失了，这
73 几乎不会让人感到惊奇或遗憾；但是，尽管费希特的语气很强硬，而且他警告说我们只是使我们自己在哲学上的无能达到了顶峰，但我们必须鼓起所有的勇气并公开承认，把思维说成是自为的，而没有任何有意识的存在(思维就是他的)，这对我们的心灵来说没有传达任何意义。思维只作为某个思维者的思维而存在；它必须被集中在某个地方。我们既不能把存在归因于自在的思维(thought *per se*)，也不能把因果活动归因于它；既然如此，它就不能在作为一种存在论的形而上学中占有一席之地。

这一点将在黑格尔的体系中得到充分的例证，我们接下来就要对其进行考察。

第 2 讲增补内容

74 值得注意的是，在处理知识中的质料或被给予的要素时(参见上文第 47 页)，费希特比格林更努力做得彻底。事实上，尽管新康德主义者简单认为康德对感觉的解释是不符合哲学的、不相关的，但他们很少主动提出自己的解释；很明显，至少对格

林来说，感官事实(the facts of sense)——事物的感官特质——构成了一个严重的困境。他不断地假定，感觉流是思维活动——它使我们犹豫，且是理性上的构成性活动——赖以进行的材料。可以说，这些转瞬即逝的感觉构成了材料，他的活动就是在这些材料基础上进行的，如果没有这些感觉，很难看到他怎么能开始运作。正是感受(feeling)与被感受之物(felt thing)之间(在单纯的感觉[sensation]与被永久的自我的存在所改造的感觉和被杂多的理性关系所限定的感觉之间)的含糊不清，为他提供了对经验主义思想家的反复批评。他说，观念论的整个目的"前后一致地表达这样的信念：存在着一个由持久不变的实在所构成的世界，而非由我们的感觉所构成的世界，并且决定着我们的感受的无尽流动"[①]。但是，尽管格林成功地表明，他所批评的思想家在感觉或感受中植入的东西比他们愿意承认的要多得多，但他表述问题的模式似乎包含单纯的感受在某种程度上的存在，因为思维将其转变为一套稳定的事实体系。他自己也看到了这一点，并努力将其视为我们的观点所必然附带的一 75
种幻觉。[②]"在某个点上，个体对他自己所拥有的知识的回顾性分析必然停止。在这之前，对于他所能追溯到的有助于理智形成的任一过程来说，似乎某种东西必定已经被给予了，以便让这些过程开始。这种东西被认为是纯粹和简单的感受。当形式的所有附加物——它们是由于在理智上建立了诸关系而产生的——都被剥离后，似乎还剩下单纯的感觉，如果没有这些感

① *Prolegomena*, 39.

② Ibid., 46 *et seq*.

觉，理智活动就没有什么可以处理或操作的。那么，在绝对意义上，这些感觉必定是经验的质料(the matter of experience)——排除了一切形式的质料。”他说，如果这“只是作为一种关于个体心灵历史的陈述”，那这种陈述可证明是正当的，当然，我们很容易指出，感觉作为这种类型的一个最初质料(πρώτη ὕλη)，我们对这种感觉不能作任何论断，因为它处于“可能的经验宇宙”之外。“单纯的感觉实际上是这样一种短语，它不表达任何实在……思维是感性的事实存在的必要条件，而单纯的感觉(假定是存在的)并不是事实领域的一种可能的构成成分。”[①]但这毕竟似乎夸大了事实；格林接着说，因为“这并不意味着，能感受但不思维的存在者是不存在的。我们在这里并不是要探究是否真的存在这样的动物，它们有感受但没有思维能力。目前的一切论证使我们认为：就它们进行感受而不进行思维而言，它们的感受对它们来说不是事实，对它们的意识来说才是意识。它
76 们的感受是事实；但它们只有在由诸关系规定的情况下才是事实，而这些关系只对一种有思维的意识才存在，否则就不可能存在。同样地，我们自己的感性生活的很大一部分没有受到概念的影响，这是一系列事实，我们的思维或在我们之中的思维其实与对这些事实的规定无关，但它作为一系列事实的存在，同样取决于同一主体的行动，在其行动的另一种模式下使我们能够认识它们”。“只要我们感受却不思维，对我们来说就不存在任何现象世界。我们身上思维的暂停也意味着，对我们来说的事实或实在就暂停了。我们仍是事实，但事实对我们的意识

① *Prolegomena*, 48, 49.

来说则停止存在了。”这意味着，感受对于普遍意识——“这种意识构成实在并创造了这一世界”——来说才作为事实存在。但是，根据格林自己所指出的，呈现给这样一种意识的实在世界将由连续感受的客观条件所组成；它将是感觉诸条件的总体减去感性经验本身。但可以肯定的是，就感受来说，后者——相对感受的意识而言感受的存在——才是需要解释的真正事实。格林并不绝对否认感受的这一方面，但他的解释似乎武断地把这种经验排除在实在或事实的范畴之外，并且以某种方式——这种方式类似于唯物论更粗略的论调，这是危险的——把感受与其诸条件同一起来。在他的遗作《逻辑学讲座》(*Lectures on Logic*)中，格林谈到了同样的问题，并说：“感觉上的某个事件是某种超越其条件的东西，这种概念”可能是“我们的一个错误，这种错误产生于如下事实，即在知道感受的实在是什么之前我 77
们就对此有感受”。[①] 他严厉地说：“对于唯一有实在性的意识类型来说，所设想的诸条件就是实在。”[②]“对于一个完全理智的主体来说，实在就是如下事实，即某种感觉将出现或已经出现，就像它现在发生着一样，因为这样的主体不会是一种感觉主体。”[③]对此，我只能作如下回应，在我看来，这种说法似乎是用静态知识图景——关于一种猜测为永恒的意识的知识图景——来取代运动着的现实事件世界，从而抹杀了我们已知的感性生物(人和其他生物)的整个主观经验。

从这种假设的情况——某个主体是完全理智的，但它本身

① *Works*, ii. 190.
② Ibid., 191.
③ Ibid., 185.

并非感觉主体——中可以很好地看出：没有感受，活动就是多么不可能。格林在另一个地方问道："如果承认一种永远思维着的主体，它是自然的相关物……那么对于这样一个主体来说，自然是什么？"[①]他回答说："自然实际上——或者对于永久思维着的主体来说，即对于上帝来说——是对于我们的理性来说所是的东西……但当我们说对于我们的理性来说所是的东西时，我们无法超出存在着一个自然的单纯形式条件。""对于理性来说，自然是一个生成体系，它建立在那些不可改变的条件之上。"换句话说，我们获得的是关于有序变化的一般概念——图型化的实体范畴和原因范畴，而对自然的内容或"质料"没有给出任何说明。即使如此，从后面来看，它似乎只对一种感性的
78 意识来说才有可能，因为这样的图型涉及对在时间内存在的经验。格林说，"感性（sensibility）是在时间内存在的条件，是过去、现在和未来存在的发生相互关联的诸事件的条件"，因此他假定"一种永恒的感性"，它是"时间之永久条件"。[②] 但如何解释这一点，我就不明白了。当他在其他地方把整个困难归结为"一种抽象过程"，并向我们保证，"在那种意识——经验世界对于它来说是存在的——中，感受和思维是不可分割的，而且是相互依赖的……每一方在其完全的实在中都包括另一方"[③]，我很想与休谟一样承认，我们的思路（line）太短，以至于无法充分理解这样巨大的深渊。为了克服现实的困难，把我们引向一种我们甚至无法想象的可能的神圣经验，这是一个诱人但不令人

① *Works*, ii. 74.
② Ibid., 79, 80.
③ *Prolegomena*, 51.

满意的方法。无论如何，格林在感觉和时间方面的纷乱(imbroglio)是很重要的，它说明了康德之后的观念论在试图用自己的原则来解释康德的“物质方面的自然”(natura materialiter spectata)时遇到的困难。

79

第3讲 黑格尔的逻辑学与经验的关系

正如我们所料，黑格尔体系的形式是由其前辈理论中哲学采取的形式所决定的。费希特、谢林和黑格尔站在他们从康德体系中发展出来的观念论的共同基础之上。但正如我们所看到的，在发展费希特早期的观点时，谢林陷入了一种几乎与斯宾诺莎主义没有差别的立场之中。然而，一种哲学，如果它绝对被描述为“完全的无差别”或“纯粹同一性(里面什么东西都没有差别)”，那它就走错了路。像斯宾诺莎一样，谢林不可避免地认为，与这种纯粹的同一性相比，得到发展的差别体
80 系——这构成理智世界——是不真实的，并只存在于个人的“想象”中。在《精神现象学》有名的序言中，黑格尔最尖锐的一些话就是针对这种差别的消失，以及随之而来的宇宙生命的消亡。根据已经引用过的名言，这样一种绝对好比黑夜，在其中所有母牛都是黑的。宇宙的“真理”或终极实在不能是一种纯粹的、“原初的”或“直接的”同一性；它必须是一种以它本身为中介或回复到它本身的同一性，换言之，是一种通过差别获得实现的同一性。这种同一性类型可以在自我意识的生命中发现，而且“哲学中一切问题的关键在于：不把绝对理解为实

体，而理解为主体。* 黑格尔如此总结了他的论点，可以说回归到费希特的立场，即重新强调观念论的核心原则，而谢林曾险些忘记了这一点。

但这种原则以一种经过很大变化了的形式重新出现。这在很大程度上可以追溯到发展的概念对黑格尔的强烈影响。在同一篇序言中，黑格尔指责费希特将主体理解为一种不动的、现成的形式，就好像说，我们将宇宙的一切事实都填充进去，并设想一切都由此得到了很好的解释。诚然费希特把“自我”描述为 81
与其说是一种事实，不如说是一种行动，即一种持续的活力或自我实现，并因此可能乐意采纳黑格尔对主体的解释，即主体在根本上是其自我生成(Sichselbstwerden)的过程，但他并没有把这种过程与自然事实和历史事实关联起来。在大多数情况下，它仍然是一种空洞的(in vacuo)抽象建构，正如我们在考察费希特对阻碍(Anstoss)的解释中所见到的那样。黑格尔拒绝把自我意识、主体或精神理解为一种现成的事实或一种抽象的建构，而是坚持将其与宇宙的发展过程关联起来，由此把它视为精神的发展或“生成”过程。他说，只有这样，精神才是真的东西(the True)、整体(the Whole)或绝对(the Absolute)。如果我们的证明要成为完整的，那么我们必须能在这个过程中得出一切自然事实和历史事实，并将它们展示为精神自我发展中的诸阶段或要素。如果我们将绝对从这种过程中分离出来，那么我们的观念

* 此处引文与德语原文不同，按照德语原文应为：“一切问题的关键在于：不仅把真实的东西或真理解和表述为实体，而且同样理解和表述为主体。”(alles darauf an, das Wahre nicht als Substanz, sondern ebensosehr als Subjekt aufzufassen und auszudrücken，中译文参见黑格尔《精神现象学》上卷，贺麟、王玖兴译，商务印书馆 1979 年版，第 12 页。)——译者

就会成为一种单纯的抽象；根据黑格尔的表达，绝对在本质上是结果，或者毋宁说，它是“结果加其产生过程”(the result to-
82 gether with its becoming)。这种在精神中达到顶峰和圆满的演进过程本身是终极实在的，这样说只是用稍微不同的方式来表达上述立场。开端和终点是一样的，因为二者在终点(End)、目的(Purpose)或终极因(Final Cause/Zweck)等概念中是统一的。在这样设想的发展中，终点在开端之中，或者说，真正的开端就是终点；第一个阶段潜在地就是最后的阶段。

通过这种发展观，黑格尔不仅改造了费希特的抽象自我，还对谢林作了明显的推进，尽管谢林足够充分地使用了发展的观念。黑格尔对谢林的这种推进常常被比作亚里士多德对柏拉图的推进。亚里士多德哲学主要的观念是目的或终极因概念；亚里士多德对柏拉图的推进主要在于他清晰地把握了如下真理：对存在所作的最终形而上学解释，与其说是在事物产生之前的某种东西(a prius)中寻找，不如说是在它们所趋向的目标中寻找。柏拉图那里并非没有出现目的概念；我们可以非常清楚地在《会饮篇》(*Symposium*)对善的理念的论述以及对至美(Perfect Beauty)的追求中找到这种概念。但柏拉图思想的一个经常性特
83 征是回顾开端，而非展望终点或目的，并由此它本身迷失在宇宙论的建构之中。在这方面，谢林与柏拉图类似或追随柏拉图，忘记了一旦开端与终点被分离，开端就成为某种完全无形式和不可规定的东西——也就是说，一个源头或生长地，事物从那里产生，但它在事物的解释上却毫无帮助。毋庸置疑，黑格尔比先于他的人有优势，这在很大程度上要归功于他对亚里士多

德的深入研究，他对实在的把握更牢靠，其建构的任意性特征更少。尤其是，只要黑格尔始终坚持亚里士多德的现实学说，即现实（ἐνέργεια）在哲学上先于潜能（δύναμις），现实看似从潜能演进而来——这也是目的学说，即目的（τέλος）是解释整个发展的原因——那么下面的说法就是完全能够接受的，即黑格尔表达了现代哲学中最深刻的和最好的东西。我相信，这种思想是黑格尔哲学的灵感源和推动力。较大的疑问在于，黑格尔精心构建的体系最终是否与它保持一致。

对于恰当理解黑格尔体系的具体特征而言，黑格尔与康德的关系甚至比刚才论及的他与费希特和谢林的关系更为重要。 84
费希特的体系以伦理学为中心，谢林的体系以自然哲学为中心；黑格尔体系的中心则是逻辑学。在这种特色方面，我们可以追溯到康德和先验逻辑——它构成了康德伟大的《第一批判》的核心——的更为直接的影响。黑格尔的逻辑学不外乎是对康德的范畴表的一种扩展，一种完成和校正。换言之，它是一套系统的思维语法，即对我们的一般概念之性质以及它们之间相互关系的一种分析。实在说来，这种分析的具体结果正是去阐明这些概念之间的相互关系，并因此为每一概念分配恰当的解释范围，为其在知识体系中分配恰当的位置和功能。康德和黑格尔对我们的一般概念进行的分析，各自采取的观点是不同的。黑格尔经常指责他的前辈，说康德仅仅就如下问题展开他的知识批判，即要考察的概念在其起源上是主观的还是客观的，是先天的（a priori）还是后天的（a posteriori）。黑格尔认为，在试图确定这样一个问题时，我们就是在尝试完成一项不可能的任 85

务——在我看来，这是正确的。思维最终不能批判它自己的有效性。如果这样做的话，就需要另一种思维来评判我们的第一种思维或现实的思维，还需要第三种思维来检验刚刚所作判定的有效性，如此等等，无休无止(ad infinitum)——这种永无止境的诉求既令人厌烦又毫无结果。我们思维的可信赖性或客观有效性是且必须是一种预设。如果愿意的话，这样一种预设可被称为理性对自身的信任(trust)或信仰(faith)。无论如何，这种信仰是唯一合乎情理的态度，而且从这种情况的性质来看，没有任何论据能用来支持[对理性的]不信任，这种不信任等同于绝对怀疑论。因此，黑格尔理由充分地撇开了影响康德研究的主观偏见，并坚持认为有必要对我们的概念进行一种完全中立的(disinterested)探究。黑格尔的逻辑学是在没有任何前见(preconceptions)的情况下对思维之性质的分析，是我们的概念或范畴自己所做的审查，以期准确地规定它们并确定它们之间的相互关系。

86 其结果正如我在其他地方已经表明的[①]那样，我们所得到的不是从外部对思维本身做一种不可能的批判，而是用一种概念对另一种概念进行内在批判。其实，整个知识论本身就是对诸范畴的这种内在批判。也就是说，对我们的概念进行一种系统的研究，这使我们能正确地评价每一个概念的重要意义，并防止我们对其作不正当或不恰当的运用。这使我们看到，哪些是较贫乏、较少规定或较抽象的概念，以及与之相比哪些是更丰富、更多规定、更具体的概念。有了这种洞察力，我们就会认识到，后面这些——用黑格尔的话来说——是“更真的”范畴，也

① *Essays in Philosophical Criticism*, Essay I. Philosophy as Criticism of Categories.

就是说，它们对事物的终极实在给出了更充分的说明。因此，
我们不再提出更基本的思维规定，好像它们是最适合表达那种
实在之性质的。我们不会像爱利亚学派(the Eleatics)那样将神规
定为存在，也不会像斯宾诺莎那样将神规定为无限的实体(Infi-
nite Substance)，甚至也不会将其规定为伟大的第一因。这样一
些规定，尽管在某种意义上就其自身而言是真的，但对思维的
系统批判则认为，它们作为对神圣性质的表达是完全不够的。
这样一些规定是不充分的，不仅仅是因为人类所有的概念对这
样一种客体来说都必定是不充分的——这缘于我们的无知；甚 87
至就我们所知道的东西而言，它们也是不充分的。我们通过联
系我们所具有的其他概念——简言之，就是联系某种类似于自
我意识这样的概念，我们能从我们自己的经验中得出它们
来——来认识到它们的不充分。一般而言，这样一种审查使我
们能完全公正评判我们的概念——一方面使每一个概念获得其
相对的正当性辩护，另一方面拒绝为了某些人而提出过高论调，
即认为自己体现了对宇宙的唯一客观或科学正确的解释。一些
科学家喜欢以机械论范畴的名义提出这种论断。物质与运动的
观念是如此清晰简洁，以至于似乎一切解释都必须将现象还原
为运动中的质料项；至少很多人经常从科学方面这样主张。然
而这样的解释常常实际上是一种**对事实的隐瞒**(suppressio veri)；
它是对要解释之事实某一部分的隐瞒或压制。最重要的是，我
们要警惕对事实作诱人的简化，即把它们还原为更简单的范畴。
当然，对某种事实进行多少有些抽象的处理是可能的，即仅仅
考虑某些方面，而非全部具体的事实。通过还原到更简单的范畴 88

而作的阐释是一种抽象的说明，这种说明仅就其本身而言是真的，但并非全部的真，因此如果认为它是全部的真，那就不对了。

因此，黑格尔关于诸范畴的分析和系统化对科学和健全的哲学来说都同样是极为重要的。按照他自己的说法，通过这种方法，我们就成为我们的概念的支配者，而非被它们所支配。通过阐明有时混杂在某个术语中的不同意义线索，黑格尔经常把许多古老争端的动机暴露无遗，并借此以唯一可能的方式解决它。此外，言归正传，正如我们所见，黑格尔没有康德的任何偏见，他不仅极大扩展并改进了康德的方案，也避免了康德的一些任意区分，即康德认为，某些范畴是客观有效的，而其他一些范畴仅仅是调节性观念。黑格尔从机械论(Mechanism)转到化学作用(Chemism)，又从化学作用转到目的论(Teleology)以及有机论(organism)观念，他在所有这些方面都承认客观的有效
89 性。高阶范畴远非对低阶范畴的一种单纯主观解释，而是对事物性质所作的一种更准确和充分的阐释。最重要的是，自我意识概念也是如此，所有其他范畴或概念都要通向它，当它获得思辨性洞见形式时，黑格尔称之为绝对理念(the Absolute Idea)。黑格尔没有把具有自我意识的认知者看作宇宙中无法解释的赘生物来处理，而是把它看作终极事实，所有其他的事实——如果可以的话，我们甚至能把它们暂时称为独立的事实——都是相对这一终极事实而言的，而且能在这一终极事实中找到它们的解释。黑格尔没有回避所谓的拟人论，他接受这一最终的思维范畴，把它作为我们在寻求充分解释存在的伟大事实(the great Fact of existence)时所能使用的唯一范畴。在我看来，黑格

尔在这里无疑是正确的。所有哲学解释必须是以高阶范畴解释低阶范畴，而非相反（vice versa），这是最确定不过的了。如果自我意识是我们所知道的最高事实，那么我们就有理由把自我意识概念作为理解整体存在之最终性质的关键。

然而，黑格尔所说的比这多得多，因此有必要稍微仔细地
考察黑格尔的逻辑学与经验之间的关系，并考察他声称就如下 90
方面所给出的证明的性质，即他在那里所阐述的诸概念的“发展”以及最高的概念，正如他所说，在这种最高概念中，整个发展回到了它本身。黑格尔显然希望我们相信，他的程序是完全无预设的，它由一套准确的辩证法所引导，完全没有主观掺杂物，而且正如他所说，它表达了事情本身的进程。而且当逻辑学从其开端（思维的最抽象事实）出发进展到其顶点（自我意识概念或思辨知识概念），后一概念被表现为终极真的东西（the ultimately True），这是由同样与感情无关且准确的辩证法所证明的。但是如果我们追求严谨，那么我们可以通过黑格尔本人的其他说法来纠正一些看似怪异的表述。在这里和在其他地方一样，在阐述他的体系时，黑格尔谨防提及经验。他以综合方式表达一切，但他首先必须以分析方式对事实进行普通反思，这些事实对于每一位思维者来说都是共同的。因此，逻辑学所讨论的
诸概念无疑构成日常思维机制的重要部分，而黑格尔对这些概 91
念的发展只是将其系统化。这种方法从抽象“存在”本身出发，它之所以是开端，仅仅因为它是我们从非常复杂的现实中所能作出的最简单的抽象；它是我们就现实所能作出的最简单的陈述。而且一旦从这种抽象过程中得到这一点，那我们就不能认

为好像存在从它本身产生出后面更为具体的诸概念。我认为，对于像特伦德伦堡（Trendelenburg）和冯·哈特曼（Von Hartmann）这样批评黑格尔方法的人来说，可以完全承认的是：进展的每一步都受到经验条件的限制。作为这种过程之中枢的是有名的辩证性对立，它不是逻辑学家的矛盾性对立。单纯的矛盾得不出任何新东西，因此，它通过综合或融合原初事实不能产生与前两者都不同的第三种东西。作为黑格尔的支点的对立是相反的对立或实在的对立；第二种规定不是对第一种规定的单纯否定，二者都是对事物的真正规定。但如果确实如此，那么第一种规定并不转入其对立面。对立面的产生只是因为一种主观反
92 思，这种反思有机会熟悉实在世界。这样一种反思在空洞的抽象基础上发挥作用，它通过参照更丰富的实在而意识到它需要补充，反思是从实在中所做的一种抽象。只有通过这种方式，要跨越的道路才能确定。前进实际上是一种回溯的过程，它是对我们认识世界之步骤的回溯，我们在世界的全部实在规定中认识它。

特伦德伦堡可能是批评黑格尔逻辑学的人中最为尖锐的一位，他在一段话中很好地表达了这种方法观，我最好加以引用。特伦德伦堡说：“根据它自己的解释，辩证法从抽象开始；因为一旦‘纯有’被认为与‘无’相等同，那么思想就把丰富的世界变成最空洞的东西了。然而，抽象的本质在于，思想的诸要素——这些要素在原初形态下最初是统一着的——被强行分离开来。然而，被抽象所分离的东西必定会努力逃脱这种强制状态。因为它是从一个整体中撕裂出来的部分，所以在它身上必定留着它只是一个部分的痕迹；它必定渴望成为完整的。当实

现这种完整后，就会形成一个概念，它本身包含之前的东西。
但因为仅仅返回到原初抽象的一步而已，所以它将更新所描述 93
的过程；以此类推，直到回复完整的直观……显然，整个世界就是以这种方式发展的；如果我们更仔细地观察，则会在这里发现辩证法的秘密。辩证法不过是技能，通过它我们得以返回原初的抽象。因为最初的表象是从抽象中产生的，所以它们同样仅仅作为更高概念的一部分出现，而且辩证法的价值将在于：对这些部分进行审慎和全面的考察，并由此让我们进一步确信，这些部分必然相互依存。”①

① *Logische Untersuchungen*, i. 94, 95. 作为特伦德伦堡在文本上所做的一般批判的一个例子，拿第一个三一式就足够了，即“有、无和变”。为方便起见，此处我们再次引用特伦德伦堡的话：“如果通过直观，‘变’对我们来说是清楚的，那么在‘变’中就很容易区分‘有’和‘无’。比如，在天快亮时，我们可以说‘已是白天了’，也可以说‘还不是白天’。我们分离或区分这些实际观察到的在‘变’中的这些环节，但丝毫没有从逻辑上理解实际存在的特征，因为这些环节是在一起的……‘纯有’——与自身等同——是静止(rest)；‘无’——同样与它自身等同——也是静止的。运动着的‘变’如何能从这两种不动的表象的统一中产生呢？……除非‘变’这种表象已被预先假定了，否则‘变’就完全不可能从‘有’和‘无’中产生出来。从‘纯有’(一种公认的抽象)和‘无’(也是一种公认的抽象)中，不可能突然生出‘变’来，这种具体的、支配着生与死的直观。”——(*Logische Untersuchungen*, i. 38)

我们可以补充一点，这种具体幻觉——换言之，逻辑学在根本上依赖于时空中的隐喻——的不断出现对它的如下论断是致命的，即它宣称能在任何具体意义上成为纯粹思维(*pure* thought)。特伦德伦堡最终证明，物理运动和物理诸过程的意象(images)是如何附着于并实际上控制着对过渡(transitions)的解释，这些过渡被认为发生在纯粹思维的以太中。在这个问题上，海姆(Haym)追随特伦德伦堡(《黑格尔及其时代》[Rudolf Haym, *Hegel und seine Zeit*, Berlin, Verlag von Rudolph Gaertner, 1857]，第318页)。由于方法将不再吸引我们的注意力，所以这里是作出下列评论最方便的地方，即对逻辑学的详细批判将只会揭示，主观反思在逻辑学的结构中所起的作用是如何巨大；几乎在每一点上，黑格尔都可能以其他方式设计了他的思路。也不乏纯粹任意和虚幻的过渡例子，比如特伦德伦堡在心理学那里提出的过渡，在那里，从人的年龄到性别的差异，并因而到睡觉和醒着，我们都被认为由概念的必然性所决定！一般来看，可以说，方法或多或少是引出体系的一种手段(artifice)。而且如果沦为一种机制，方法就会导致强制的结构。逻辑学中有价值的东西是其内容，而非其形式；它所包含的深刻的哲学批判在任何地方都会保持其价值。参见斯特林(Stirling)博士给施韦格勒(Schwegler)的书所做的最后一个注释中的评论(第475页)，在那里他似乎接近这种看法。

94 乍看之下，这似乎对黑格尔关于方法的主张是完全不利的，
95 但不难看出，这是对他所用方法的一种完全正确的描述。更重
要的是，虽然黑格尔可能“认为这样规定并不诚实”，但我们会
发现他自己完全承认，辩证的进程实际上依赖于主体自己从其
经验中所获得的更丰富的知识。他说：“事实上，概念和思维的
整个本性就在我们自身，人们因此可以说必须使绝对的东西为
一切的开端，并且一切进程都是这个绝对的东西的表现。”①黑格
尔也说：“必须承认以下这一点是很重要的观察——它在逻辑本
身以内将更明确地显出来——前进就是回溯到根据，回溯到原
始的和真正的东西；被用作开端的东西就依靠这种根据，并且
实际上将是由根据产生的。”②事实上，我们在这里发现黑格尔思
维的一个常见特征，即表现的顺序总是与思维的实际顺序（我们
通过这种顺序达到诸结果）相反。由此，我们必须在他明显通过
上述顺序达到的结果中，寻找黑格尔由以出发的真正事实，即
对整个过程的实际说明。实际上，他放下梯子，只是为了再次
96 通过它来登上他最初的开端。因此，在普通意义上，结果并没
有被我们为达到它而经历的辩证演进所证明；它是整个过程的
基本假设。因此（比如）在某种意义上指出下面这点是对的，即
不同的概念（当它们被考察时）是对理念进行表达时的许多不完
美的方式，这因此促使我们前进到完美的形式。黑格尔习惯以
这种方式说话。他告诉我们：“绝对的第一界说，即‘绝对是
有’……但它最抽象也最空疏。”“自为存在”或“一”（the One）是

① *Werke*, v. 334.
② *Werke*, iii. 64.

逻辑学中“质”的最后阶段，“我们可以举出我作为自为存在最切近的例子”。本质论与此类似，如物与其属性，实体与其偶性。“虽说实体是理念发展过程中的一个重要阶段，但还不是理念本身，不是绝对理念，而是尚在被限制的必然性的形式里的理念。”因此，在到达终点时，黑格尔能够说：“我们前此所考察过的每一个阶段，都是对于绝对的一种写照，不过最初仅是在有限方式下的写照。因此每一阶段尚须努力向前进展以求达到全体，这种全体的开展，我们就称之为方法。”[①]但正如之前所说，对于低阶概念中这种向前的冲动的真正解释在于它们明显的目 97
标。它们全都是对那个目标的预示，因为在我们思维的最深处，我们是拟人化的，而且必然是拟人化的。每个范畴，即对存在或关系的每一种描述，都必然来自我们自己本性和我们自己经验的誊本。在我们的一些概念中，我们把自己的东西放进去的较多，而在另一些概念中则放得较少，但所有的存在模式和行动形式都必然是由我们根据自己的生活来建构的。一切事物，直至原子，都是在有意识的自我的计划之上建构的，它既具有杂多的状态，也具有相互贯通的核心统一性。我们无法使我们的思维摆脱其不可避免的预设。也可以说，我们没有任何理由把这种必然性看作一种令人厌烦的束缚和幻觉的来源。这就是我们通常与“拟人论”一词联系在一起的东西；毫无疑问，存在一种粗陋的和不加批判的拟人论，它既被运用于自然，也被运用于上帝，它所受到的所有指责都是其应得的。我们一定不能像野蛮人一样将我们个人丰富的生活转移给自然力量，也一定

① Wallace's *Logic of Hegel*, 325 (*Werke*, vi. 410).

不能像我们太容易去做的那样，把上帝完全变成我们自己的形
98 象。我们的拟人论必须是批判性的。但是，试图完全摆脱它是徒劳的，而且还可以说是没必要的，就像前面提到的试图批评思维本身的有效性一样。

因此，不要以为我是在指责黑格尔接受自我意识作为思维的终极范畴——我们通过这个范畴来思考其他一切事物，只有通过这个范畴，宇宙才能被我们所理解。在这一点上，我和他是完全一致的。我只是想说明，这个概念实际上并不是通过任何“先天的道路”（high *priori* road）而达到的，而只是黑格尔从他自己的自我意识经验的事实中得出的。在这方面，我们不要被“绝对理念”这种宏大的称号所误导。绝对理念、思辨知识、纯粹知识、纯粹自我，它的这些各种各样的称呼只是知识概念本身，是亚里士多德所描述的思维者与其思维之间在某种意义上的同一关系。就其本质而言，认知者与被认知者之间的关系可以说是一种显而易见的关系，在其中主体与客体之间的差别可以说被克服了。严格而言不能这样说人的意识，因为在知识和实践
99 中我们都似乎依赖于不是我们自身的东西。然而，如果我们假定认知（cognition）和意志（volition），它们作为有限的活动已完成了各自的工作，那么质料——最初好像是从外部被接受的——将被彻底地理解和还原为规律（law）；而另一方面，通过意志，质料在所有方面都将成为理性目的的载体或表达。可以说，在这种情况下，有自我意识的认知者在客体中不会认识到任何异己的东西，而可以说只会认识到他自己人格的实现。这就是黑格尔在逻辑学结尾所达到的关于完善知识的想法，或者毋宁说

关于一种永远完满的自我意识的想法。在一段话中，费希特以几乎相同的术语描述了他所称的“自我的理念”。但正如我们所见，费希特将这种理念看作一种无法实现的理想，而黑格尔则不断嘲笑费希特这种带有纯粹“应当”(Ought-to-be)的观念论。在某种意义上，黑格尔显然是对的，因为建立在一个根本不存在的理想上是一种不可能的思辨立场。但如果费希特只是想说，这种思辨的理想在人类经验的发展过程中没有实现，而且永远也不会实现，那么黑格尔如果想对这一立场提出质疑，则他也显然是错的。与费希特相反，对于黑格尔来说理所当然的是， 100
理念必定在神圣的自我意识中得到实现——至此理念不再是一种单纯的“应当”。然而对于我们来说，这种实现仍旧是一种信念或信仰，而非在实际知识中所达到的东西，甚至不是在绝对哲学家的反思性知识中所达到的东西。宣称绝对自我意识在形而上学上的必然性是一回事，宣称某种哲学体系中绝对知识在当前的实现是另一回事。但在后面我们会看到，黑格尔体系的一个特点是：它把这两种本质上不同的立场捆绑在一起，以至于不可能说他要达到哪一个。此时我们只需重申，无论如何，逻辑学在最后似乎完全越过了人的意识并使我们直接镜窥到神性(Deity)，但它并不比其他任何体系更接近于将信仰转变为注视(sight)。绝对理念不过是黑格尔从他的唯一的予料(sole datum)——人的自我意识中所得出的一个理想，它本身并不能使我们超出我们的起点。

101

第4讲
作为形而上学的逻辑学：思维与实在

在这样指出了黑格尔的逻辑学与经验之间的关系之后，我们接下来必须考察逻辑学在体系中所占有的位置。正如我所说过的，虽然逻辑学是黑格尔哲学思考(philosophising)的中心，但它只构成了详细阐述的理论的第一部分。那么，它与其后的自然哲学和精神哲学是什么关系呢?

先理解黑格尔体系，然后再予以评判，清楚地认识到这一点非常重要。因为，乍看上去，我们不易看出绝对理念(《逻辑学》在这里达到顶点)与绝对精神(黑格尔以此来结束一般的哲学
102 记录)之间有何差别。绝对理念被规定为“概念与其实在的统一”，“主观的和客观的理念的统一”，“自己思维着自身的理念”，“理念自己以它本身为对象”，“在他者中对自身的永久直观，概念在其客观性中达到自身”。绝对理念是“自在自为存在着的理念……这就是纯思(νόησις νοήσεως，思想之思想)，亚里士多德早就称之为最高形式的理念了”。这些称谓——全都是黑格尔自己说的——似乎与后面关于精神、自我意识或绝对精神的说法基本一致，当时它从自然中返回，它“获得对其存在整体的清晰展望”。绝对理念与绝对精神之间的关系并没有被黑格尔的处理方式说得很清楚。然而，如果我们记得，在整个逻辑学

中(尽管我们说过它的经验基础)，黑格尔并未在任何地方直接联系事实或事实性存在，那么我们就会发现一个关键点。正如他自己所告诉我们的那样，逻辑学在昏暗领域里运动——就是说，用不那么隐喻的语言，它从头到尾都在讨论抽象的东西，讨论一般的概念，或用更专业的术语来说，讨论抽象共相(abstract universals)。它取代了康德的简略表，并自称是一种详尽的范畴体系。但从字面上看，这就是全部。在思维的进展中， 103
它讨论"有(存在)"的概念以及"变"的概念，但并未讨论任何现实的存在或过程。它考察实体范畴和因果范畴，但没有任何关于实体性存在或因果作用的现实例子。最后，到了决定性的地方，它考察了知识的概念以及它所涉及的主体和客体之间的相对对立；但目前还没有——也不可能有——任何真正的认知者，他本可用来作为概念或类型(type)的具体例子。这样我们就在这里触及了绝对理念和绝对精神之间的差别。因为《逻辑学》仅仅处理范畴或逻辑上的抽象物，所以绝对理念仅仅是自我意识的方案或形式。在另一种情况——精神哲学——中，我们处理或想要处理实在(realities)，即实存的事实(facts of existence)。因此，在黑格尔体系中，绝对精神是最终实在的存在，逻辑学的最高范畴就是对它的一种描述或规定。简言之，逻辑学在表面上是一种逻辑学，而非其他；但在自然哲学和精神哲学中，我们得到了一种形而上学或本体论，即一种关于存在的最终性质的理论。人们可能会认为，对于清晰的思维来说，保持这两 104
种研究的差别必定是至关重要的，而且不论它们之间的相互关系有多紧密。但正如我要指出的那样，黑格尔还远没有做到这点，因为他系统地并以最巧妙的方式把这两种观点混淆起来，并最终为我们提供了*一种作为形而上学的逻辑学*。但他的观点不只是暗示了这一点；因为逻辑学与形而上学的等同常常被黑格尔主义者作为该体系的要旨和结果。据说，黑格尔的逻辑学不是一种主观思维的逻辑学；它是一种绝对的逻辑学，并因此同时构成了唯一可能的形而上学。如此一来，我们不得不首先考虑，黑格尔是通过什么途径把我们引向一种表面上看如此不寻常的立场。在通过这种方式使我们自己清楚了这种立场的性质之后，我们将有材料来形成对其哲学可行性的评判。

有了这种观点，让我们回头看看《逻辑学》的结尾，并考察接下来的步骤。从逻辑学向自然的过渡，长期以来一直被认为是黑格尔体系的败笔。的确，它是如此引人注目，而且对我们
105 的思维习惯来说基本上是如此不可理解，因此在阐述它时我们最好紧跟黑格尔自己的语言。黑格尔在《大逻辑》中说，绝对理念“还是逻辑的，它包括在纯思想之内……因为认识的纯理念如果包括在主观性中，这个理念便是要扬弃这个主观性的冲动，而且纯真理，作为最后的结果，也将成为另一领域和科学的开端”。他让我们进行回顾，理念曾被规定为“纯概念及其实在的绝对统一”——“纯概念只与自身相关”；但如果这样的话，那么这种关系的两面就是一体的，可以说，它们凝聚为“有的直接性”(the immediacy of Being)。“理念便作为这种形式的总体——*自然*。但这种规定并不是一个已变成的有和过渡”，比如我们在逻辑学中从一个阶段到一个阶段。“所以在这里不如这样来了解过渡，即理念自由地解脱自身，对自己绝对有把握，并且在自

身中宁静。由于这种自由之故，它的规定性形式也同样是绝对
自由的，是绝对自为的、无主观性之有的空间和时间的外在性。”
再往下几行，他说道：“纯理念的这个最初的决定(Entschluss)，
即规定自身为外在的理念。”[①]回到《哲学全书》，我们发现，在 106
《小逻辑》的结尾有一种更简明但实质上类似的表述。“自为的理
念，按照它同它自己的统一性来看，就是直观，而直观着的理
念就是自然……享有绝对**自由**的理念……在它自身的绝对真理
性里[②]，它自己**决定**让它的特殊性环节……直接性的理念，作为
它的反映，自由地外化为自然。”[③]而且在随后的附释中我们读到
如下的话，与《大逻辑》中的话类似：“我们从理念开始，现在我
们又返回到理念的概念了。这种返回到开始，同时即是一种进
展。我们所借以开始的是存在，抽象的存在，而现在我们达到
了作为存在的**理念**。但是这种存在着的理念就是自然。”在《自然
哲学》——他所提到的就是这样开创的“另一领域和科学”——的
开头，黑格尔没有做进一步的解释；他只是简单说，自然显示 107
自己是以其他形式存在的理念。[④]

对于在这些段落中黑格尔有意从逻辑理念**演绎**出自然的尝试，我们要说什么呢？我认为，很简单，在这种情况下并没有真正的演绎。黑格尔所使用的短语是隐喻，在此情况下这些隐喻没有表达任何有意义的东西。正如谢林后来所说，它们仅仅

① *Werke*, v. 352, 353.

② 即根据黑格尔的用法，当它已经达到了属于它的十足完美的形式。

③ *Werke*, vi. 413, 414; Wallace, 328. 强调符号都是黑格尔自己所加。

④ 黑格尔在《宗教哲学》中给出了第三种比较详细的说明(*Werke*, xii. 206-208)，并在某些方面对文中引用的比较权威且可能是科学的说法形成了有益的解释。下面第 5 讲(第 163 页及以下)将提到这种说明。

表明黑格尔坚决的一跃，即跃过"险恶宽广的峡谷"，辩证法无力跨越它。在这个问题上，很少有英语思想家会难以下定决心。但如果我们的谴责是如此迅速和果断——如果我们谴责这种尝试，不是因为它失败了，而是因为有人曾提出了它——我们将如何解释黑格尔所采用的严格的演绎形式？对于黑格尔的程序难道不可以给予同情式的解释吗？在某种程度上，我认为是可以的，如果我们记住，黑格尔的真正意义——正如我之前说过
108 的——是通过倒着阅读他而非正着阅读他而达到的。他肯定会抗议如下看法，即认为他在这里正描述某种实际的过程——某种曾经发生过的事情；正如他会抗议如下看法一样，即认为他曾打算宣称逻辑理念本身是一种事实性存在，而且这种存在在自然和精神的存在之前。我们能听到黑格尔说，如果存在是指独立的事实性存在，那么自然本身就是一种不能*存在*的抽象物；它只是相对于精神生活而存在，或在精神生活之内而存在，因此严格来说精神是唯一的存在或事实。但如果自然是这样的话，那么逻辑学或思维规定体系（它本身在绝对理念中达到顶点）就更明显是这样了；这样一种体系被公认为一种抽象的东西，且将永远不能被认为*事实上*（in rerum natura）存在。所以在这里——就像在整个《逻辑学》中一样——可以再一次说我们只是取消抽象工作并返回具体事实。正如我们所看到的，这意味着承认：我们对现实事实的经验性知识才是驱使我们前进的真正推动力——在这里驱使我们从《逻辑学》的抽象规定进到准实在的自然，然后再进到完全实在的精神。正因为我们自己是精神，
109 所以我们不能在这一终点前止步。在这种意义上，我们可以理

解黑格尔在《逻辑学》结尾所说的“局限性”或不完满之感。可以说，纯粹的形式渴望它的具体实现。但我们无须补充说，不完满之渴望或感觉只存在于我们的主观思想中，而且在任何意义上都不属于思维规定的链条本身。

在我看来，这是寻求调解且头脑清醒的黑格尔主义者对黑格尔的杰出作品的解释。在其他场合讨论黑格尔时①，我乐意使用这种解释，否则就无法在他关于这个主题的陈述中找到可理解的意义。对于接受这种解读的人来说，黑格尔从逻辑学向自然的艰难跨越将显得只是一种可能遭到反对的表现方式，这是综合的、非位格的形式所常有的，他最终以这种形式确定他的体系。否则他们将尽可能少地强调所谓的演绎。然而，进一步的反思使我确信，黑格尔在这里的主张对他的体系来说具有比这
种表述所允许的更根本的重要性。或许甚至可以说，当我们放 110
弃这种演绎时，尽管我们可以保留黑格尔思想中很多有价值的东西，但我们就放弃了作为一种体系的体系。因为，无论他在被追问时如何欣然承认，在**个体的秩序**(ordo ad individuum)中，经验是所有材料由之而来的根源，但我们一定不要忘记，他声称为我们提供的是一种**绝对**哲学。而绝对哲学的特点就在于：一切都必须作为一种思维必然性来演绎或建构。由此，黑格尔的体系就是这样构造的，以避免在任何地方都必然建立在单纯的事实之上。对黑格尔来说，把具有自我意识的理智作为一种实存的事实是不够的，通过对其在自己有意识的经验中和在人类历史中的行动的反思，某些范畴就会被揭示出来，并被哲学

① 如在下列论述中：*Development from Kant to Hegel*，以及 *Mind*，vi. 513 et seq.

识见还原为一种由相互联系着的诸概念组成的体系，然后它们可以被视为构成理性的本质或形式结构。黑格尔显然认为他有责任证明，精神基于一种思维的必然性而存在。(在自然和精神中)诸范畴的具体**实存**要从它们的**本质**或思维性质演绎而来；他
111 要表明，它们**不**可能不存在。据称，当我们已经上升到绝对理念时，我们会禁不住继续向前。思维本身的**努力**(nisus)使思维从思维领域出来并投射到现实存在领域。事实上，尽管我们努力反对这种想法，但似乎不可否认的是，在黑格尔那里再次重复了那种非凡但明显有吸引力的尝试，即从抽象思维或单纯的普遍或共相中构建世界。该体系的整个形式和结构，以及它的创建者在关键时刻的明确声明，共同迫使我们相信这一点。被使用的语言只能被解释为，思维从其自己的抽象性质中产生出事物的实在性。

黑格尔在这里的程序使我们禁不住回想起柏拉图类似的推论。毫无疑问，在范畴和类名之间存在差别，但除此之外，逻辑学的抽象链条与柏拉图的一般概念或理念体系(它们逐阶上升，并在善的理念那里达到顶点)极为类似。柏拉图的理念世界不像爱利亚学派的原则那样是抽象的一：它本身是统一中的多，
112 即由诸理念组成的一种**体系**，每一种理念都关联着——或用柏拉图的用语来说，分有着——所有其他理念，可以说，整一系列理念被归结为善的理念。至此为止，这几乎和黑格尔的逻辑学完全一致，但对柏拉图来说，也必然要超出这种纯理念世界。感性世界——**实际上**杂多和变化的世界——引起他的强烈注意。感性世界呈现给我们的不是一种单一不变的类型，而是多样且

不断变化的个体，可以说，这些个体多少完美地体现了抽象类型，但其实在存在的诸规定并没有被那种形式的规定所穷尽。在这里，柏拉图还求助于一种在理念方面的“超越”(passing over)。在这一点上，每个人都一定感觉到非常困难，我不是说，对柏拉图所说的话表示赞同，而是对他的话提出某种可理解的意义。策勒(Zeller)说：“毋庸置疑，柏拉图在诸理念中想要阐明的不仅仅是一切真正存在之物的原型和本质，还有能动的力量；他将它们看作活生生的与能动的，理智的与合理的。”[①]它们被表达为本身是创造性的，是我们所称的实在之物本身繁多和 113
无常之影像的能动因。但即使我们承认柏拉图的纯形式的自在存在，并试图——虽然是**不可能的**——在他赋予它们的能动效能方面追随他，但他仍未就理念对其自身典范的无限重复作出任何令人满意的解释，更不用说感性世界的其他基本特征了。他不得不寻求另一种原则，即柏拉图式的质料，因为它被称为——他似乎指的是无限的空间元素——分离、区分、运动和无限重复的条件。当我们很近地看黑格尔时，我们在这方面会发现一种非常类似的分解。

但有人会说，肯定不能把这种不成熟的神话学观念归于黑格尔，毕竟他生活在 19 世纪。我们怎么能认为黑格尔具有这样一种观点，这种观点是我们甚至有些羞愧地认为是属于柏拉图的？毫无疑问，这是一种重要的考虑，而且很可能使我们犹豫不决。但决定两种学说之间的根本类似性的不是神话学上的细节；尽管在我看来，黑格尔从逻辑学到自然的过渡过程完全是 114

① *Plato and the Older Academy*, 267.

神话学式的，就像我们在柏拉图那里所发现的东西一样。[①] 甚至
115 被归于理念的具有创造性的能动性也是柏拉图学说的一种必然结果，而不是它的突出特征。柏拉图理念论的显著特点是，它是整全的体系家族的一类，黑格尔的体系也是如此，我认为它努力从纯形式或抽象思维中来建构存在或生命。柏拉图对感性之物的整个论述就是给那些作为具体例子的一般观念命名；黑格尔对自然的整个论述则是，自然是逻辑学抽象范畴的一种反映或实现。如果自然事物的实在性仅在于此，那么必须或多或少地把有创造性的能动性明确地归于思维规定。无论如何，它们是对所谓的实存的最终解释。如果这一点被承认了，那么其

① 也许，我们现在在英国也很难意识到黑格尔体系产生时的非凡的理智氛围。斯特林博士将这一时期称为哲学发酵或激荡的时代：这是一段体系追赶体系的时期，当时，人们在最富想象力的概念中肆意妄为。在不脱离杰出人群之列——比较而言他们也是运动中更通达的人——的情况下，我可以引用谢林的《学术研究方法论》(*Lectures on the Method of Academic Study*)中的一段话，它在某种程度上说明了那个时代的智识基调。这段话出现在第 11 讲开头，讨论的正是文中提到的问题，即自然与诸理念——谢林追随柏拉图如是称呼它们——的关系，他说："上帝的创造活动就是把整个普遍性和整个本质性内化在特殊形式之内，通过这个方式，这些特殊形式同时也是宇宙，亦即某些哲学家所说的'单子'或'理念'……尽管理念在上帝之内是纯粹的、绝对观念性的，但它们绝不是僵死的，而是活生生的；它们是神性的自身直观的最初官能，正因如此，它们分有了上帝的本质的全部属性，即使处在特殊形式之下，仍然分有了一种不可分割的、绝对的实在性。借助于这种分有关系，理念和上帝一样是创造性的，并且按照同样的法则、以同样的方式发挥作用，也就是说，理念把自己的本质性内化在特殊事物之内，使人们能够通过个别的特殊事物而认识到这种本质性；就这种本质性立足于自身、单独得到考察而言，它与时间无关，但从个别事物的立场来看，并且对于个别事物而言，它是处于时间之中。理念相当于事物的灵魂，事物相当于理念的身体。"

即使这里所称的理念是一种被赋予的生命和能动性，因为它被认为属于作为神圣生命元素的诸概念，然而如在柏拉图那里一样，仍存在着抽象概念的人格化(personification)，而且同样地将一种实在的能动性归于它们。这样一来，如果我们记起谢林是黑格尔很多年(事实上，一直到上面这段话发表的 1803 年)的哲学同伴，或可以说是资深合作者，如果我们记起，特别是在《自然哲学》方面，黑格尔所做的不过是改编谢林抛出的如此丰富的想法，那么我就不由地认为，这段话毋宁对黑格尔自己的某些表达形成了一种危险的阐释。

余大部分就是表达的问题了。

如果需要进一步证实这里对黑格尔方案中逻辑与实在之间
的关系所采取的观点，那么除了上面所引用的正式段落之外还 116
有很多附释，它们以不同的联系以及稍有不同的形式表达了同样的观点。比如，没有什么能超过黑格尔对“存在”的鄙夷——在讨论“存在”时他很少不停下来告诉我们，“存在”是诸概念中最贫乏和最抽象的。他说：“我们很可以说，精神的最深处，概念，甚至于自我或具体的大全，即上帝，竟会不够丰富，连像存在这样贫乏的范畴，这样最贫乏、最抽象的范畴，都不能包含于其中，岂非怪事。”[①]黑格尔著作的每一位读者都必定熟悉这种最常听到的轻蔑声，当黑格尔考察本体论论证和对存在的现代批判时，我们就能注意到这一点。但我们很容易被黑格尔的骄傲态度所吸引，在这种态度遮掩下他回避了真正的问题所在。“存在”是最贫乏和最抽象的范畴，黑格尔这样说当然是正确的；这是对一个事物最起码的描述。因此，如果有人认为黑格尔已经完成了对事物的讨论，而黑格尔只是肯定了它们的存在，那
这人无疑会犯一个大错误。他的任务远没有结束，而只是刚开 117
始。他必须以千百种方式确定它们的存在方式，然后才可以说——甚至只是大概地，他已经对它们的性质作了真正的说明。简而言之，知识的进步完全可以被描述为不断向更大的规定前进。如果我们将这种推理运用到思维的最高客体上，用黑格尔这里的话来说，运用到“具体的大全，即上帝”上，那么会再次很明显的是，正如上一讲所指出的，如果我们仅仅满足于断言

① Wallace's *Logic of Hegel*, 92.

上帝的存在，那么我们就回避了整个神圣本质的问题。因为“存
在”是抽象的最后结果，所以人们容易想象，当他们达到“存在”
时，他们就已达到了他们能够应用的最崇高和最显贵的称呼；
然而，正如黑格尔所说，这是所能作出的最贫乏的论断。黑格
尔持续攻击思维的这种恶性倾向，尤其是经院哲学逻辑的恶性
倾向，即回到最初的抽象，黑格尔为此值得称赞。但当所有这
些都被感激地承认时，真正的问题仍未触及。当我们说，一个
118 东西存在或拥有存在时，我们关于它所说的非常之少；然而相
对地，这是最重要的论断，其他一切都要以此为基础。当我们
确信，我们正在处理一种实在，我们能从关于它存在的基本陈
述出发继续进入对其性质的更详细描述。但那种基本陈述必须
最初是根据一些直接的确信和一些直接的经验予料而作出的。
我们必定在哪里接触过实在，否则我们的整个建构都是悬着的。
无论我们是像普通意识明显所做的那样满足于我们在外部感知
中看似拥有的直接性，还是把这样的直接性限定在对我们自身
存在的感知上——无论我们是与某些学派一样把感官（senses）看
作这种确信的类型，还是也包含更高的感受（feeling）和我们所称
的内心命令——总之，无论我们对这种直接确定性的确切*位置*
（locus）和范围采取何种观点，任何诡辩都不能永久遮蔽我们的
直观，即实在之物必须*被给予*。思维不能创造实在之物；思维
只能表述它所发现的东西。我们只有通过对我们自己的存在的
直接确信、直观或感受，以及通过我们自己对其他人和物的确
119 信、直观和感受，我们才知道真有一个世界存在。康德可能不适
当地窄化了“经验”这个术语的意思，但我们无法回避他对本体

论证明的经典批判。一个事实不可能从一个概念中演变出来。上帝的存在必定是一种直接的确定性，或者它必定与确实具有这种确定性的经验事实相关。

鉴于刚才所说的，如果我们再看一下黑格尔提及“存在”时所表现出的鄙夷，那么如果它打算运用于我们面前的问题上，我们马上就会发现它所涉及的谬误。他说：“精神的最深处，概念，甚至于自我或具体的大全，即上帝，竟会不够丰富，连像存在这样贫乏的范畴……都不能包含于其中，岂非怪事。”①最为确定的是，概念包含了存在的范畴；自我也是如此，也就是说，自我的理念和上帝的理念，自我和上帝二者都不过是概念，只是名称不同。存在的范畴包含在自我中，而且可能与自我相分离，就像在旧的经院哲学逻辑中那样，我们能不断把“人”这个概念归到“动物”概念、“实体”概念以及其他概念，并最终归到当前所讨论的概念本身，即存在。但当我们要求实在的面包时， 120
为什么要用这样一块逻辑的石头来搪塞我们？我们所寻求的不是“存在”这个范畴，而是那种实在，一切范畴都只是对这种实在的描述，而且这种实在只能被经验、被直接认识或成为有生命的。对于这样的实在或事实性实存来说，不存在逻辑桥梁；而思维或范畴只有在下列条件下才有意义，即我们假定它们所指称的实在世界是存在的，是以某种方式被给予的。

但即使我们放弃那些在我看来是不能克服的反对意见，并允许黑格尔作出从逻辑学到自然的这种不可能的一跃，仍然还

① Wallace's *Logic of Hegel*, 92.

存在着一个至关重要的进一步问题：他对这样演绎出来的自然给出了什么解释呢？它是一种既可信又充分的解释吗？

黑格尔告诉我们，自然是以他者为形式的理念或思维，即以外在于它本身的东西为形式的理念或思维。或者用更隐喻的方式说，他再次引用谢林的说法，即自然是一种顽冥化(petrified)的理智，或像其他人所说的那样，是一种冻结的理智；[①] 他又说，或者自然可被描述为知性的尸体。他还以更诗化的语言写道："自然是与自身相外化的精神。因此研究自然就是精神在
121 自然内的解放，因为就精神自身不是与他物相关，而是与它自身相关来说，它是在自然内生成的。这也同样是自然的解放。自然自在地就是理性，但是只有通过精神，理性才会作为理性，经过自然而达到实存。亚当在看到夏娃时曾说：'这是我肉中的肉，这是我骨中的骨。'精神具有亚当曾具有的这种确信，这种自然就是新娘，精神同她配偶……自然的内在本质无非普遍的东西，因此当我们具有思想时，我们就深入到自然的这种内在本质里，同时也就是处在我们自身。"但我们一定不要被这些让人想起培根(Bacon)和华兹华斯(Wordsworth)的丰富隐喻的段落的诗意所迷惑。因为当我们更仔细地探究自我或精神，我们在具有异化形式的自然中认识到它们，我们所发现的不多不少正好是逻辑范畴，即概念。其实，在上面所引的那段话中，引入"普遍的东西"(the universal)这个短语就暗示了这一点。《哲学全书》中的一段话则更明确地表达了相同的思想："认识的目的一般就在于排除那与我们对立的客观世界的生疏性，如人们所

① *Werke*, vi. 46; Wallace, 39.

常说的那样，使我们居于世界有如回到老家之感。这就无异于
说，把客观的世界导回到概念，——概念就是我们最内在的自 122
我。”[①]在另一段话中，他对他关于作为世界之核心的思想以及作
为一种无意识思想体系的自然等说法明确作了这种阐释：“为了
免除误会起见，最好用思想规定（thought-determination/Denk-
bestimmung）或思想范畴以代替思想（Thought/Gedanken）一
词。——据前面所说，逻辑的原则[②]一般必须在思想范畴的体系
中去寻求。在这个思想范畴的体系里，普通意义下的主观与客
观的对立是消除了的。”[③]当然，这种体系是在《逻辑学》中展开
的一连串范畴，可以说它构成了自然和精神的共同基础，黑格
尔称之为“一切事物的自在自为地存在着的根据”[④]。其实，用
黑格尔自己在相同问题上的话来说：“自然哲学和精神哲学，似
乎就是应用的逻辑学，因为逻辑学是自然哲学和精神哲学中富
有生气的灵魂。**其余部门的哲学兴趣，都只在于认识在自然和**
精神形态中的逻辑形式，而自然或精神的形态只是纯粹思维形 123
式的特殊的表现。”[⑤]

但如果人和事都仅仅是逻辑概念的类型或例证，那么我们可以问，什么构成逻辑学中的范畴本身与自然中的范畴（作为事物）之间的差异？[⑥] 如果自然是与自身相疏离或异化的思维的“他者”，那么是什么产生了他者、异化？思维所经历的“顽冥

① *Werke*, vi. 367.
② 在前面他将其等同于形而上学。
③ *Werke*, vi. 46; Wallace, 39.
④ *Werke*, vi. 51; Wallace, 42.
⑤ Wallace, 41, 42.
⑥ 我们当前限制在自然方面，虽然黑格尔是同时在说“自然哲学与精神哲学”。

化”的性质是什么？黑格尔在很多地方喜欢说它是物质化(materiature)①。与之类似，斯特林博士说，黑格尔“证明概念存在于最粗糙、最顽固、最极端的外在性(externality)中——证明一切不过是概念的**具体化**(concretion)”②。现在，我坚持认为，实在本身的全部问题被包裹在这些隐喻表达中，如“他者”“顽冥化”“物质化”“具体化”，而且通过回避问题，黑格尔实际上拒绝解
124 释其他事情，而仅仅分析逻辑抽象。简而言之，黑格尔提供给我们一种逻辑学，以代替形而上学；我们可以毫不迟疑地指出，如果从字面上看，这样一种提议不仅站不住脚，而且是荒诞的。正如斯特林博士所说，“不论是神，还是人，实际上都不是逻辑范畴”③——这同样可以用来说一切自然的东西。一条活生生的狗比一只死了的狮子要好，而且甚至一个原子也不仅仅是一个范畴。至少它作为一种实在存在，而范畴是一个抽象的幽灵，它可能对理智存在物有**意义**，但它脱离了这些实在的存在物和它们的经验，它实际上是一种**非存在**(non-ens)类型。

我并不否认我们可以真正地把诸范畴说成是在自然中的实现，就像我们以一种更宽泛的方式把世界说成是理性的实现或显现。但我们必定认识到所使用语言的半隐喻性质，这仅仅意味着世界提供了证据，证明它在一种理性方案上被建构。在自然中去发现诸范畴，无非就是通过它们的手段去理解自然；由此可以合理地推出，自然是按照这些概念来呈现的，我们可以
125 说是这样。黑格尔在某处明确说，他自己精心设计的措辞的意

① Materiatur.

② *Secret of Hegel*, i. 177. 强调为本书作者所加。

③ Schwegler, 476.

思不过是古代的如下观点，即努斯（νοῦς）统治这世界，或用现代的表达方式来说，理性（Reason）是在世界中。[①] 如果这个体系可以还原为这种非常一般的命题，那么我们的反对意见将肯定会落空；但黑格尔自己的表达比这多得多。他的语言使我们有理由相信，这些范畴实际上是有血有肉的，并在世间行走，而整个自然的结构不过是逻辑学思想规定的一种摹本或反映。这也不只是对他的说法的一种强行的解释。正如我们将在下面的讲座中所更为全面地看到的，这即使不是他刻意要表达的意思，也仍然是他的思想的一种真正倾向。因此，当黑格尔把诸范畴说成是自然的核心或内核时，我们需要警惕如下看法，即逻辑抽象能变复杂（thicken），好像可以变成实在存在。诸范畴并不是一种无规定的“物质性”在它周身集合并形成一个事物的骨架。最小的存在物都具有它自己的生命，是绝对独特和个别的生命，我们能通过从我们自己的经验中借来的术语来部分地理解它， 126
但它与我们对它的描述并不相同，或不论以何种方式都不相似，正如我们自己的内在生命与我们在哲学书中对它的描述不相同。存在是一回事，知识是另一回事。但正如我所说的，黑格尔哲学的逻辑偏见倾向于使这种根本的差异消失，并把一切东西还原为单纯的类型或抽象公式（formulae）的“具体化”。斯特林博士在前面所引用的那段话中继续说：“黑格尔是如此彻底，他最后把实存的实在（existential reality）看作一种单纯的抽象，当与概念的活动相对立时它就什么也不是了。”[②]这正是我所不满的地

① *Werke*, vi. 46; Wallace, 39，在上面所引的几段话前后。

② *Secret of Hegel*, i. 177.

方。黑格尔的[思维]程序的结果实际上是要把"实存的现实"完全抹掉，其背后的信念明显是，对全部思维关系的完整表述——这构成我们关于事物的知识——就等同于实存的事物本身。相反，我们可以自信地断言，与无穷无尽的这种关系相比，认知与存在的同一性并不存在。

我认为，谢林的两段话可以再次恰当地说明黑格尔的立场
127 或其思想的倾向。谢林在《先验唯心论》(*Transcendental Idealism*)
中告诉我们："自然科学的最高成就应当是把一切自然规律完全精神化，化为直观和思维的规律。现象(质料的东西)必须完全消逝，而只留下规律(形式的东西)。由此可见，规律性的东西在自然本身显露得愈多，掩盖它的东西就愈是消失不见，现象本身就愈益精神化，**最后也就全然不复存在了**。光学现象无非一种几何学，它们的线是由光线来划的，而这种光线本身就只有暧昧的物质性了。在磁现象中一切物质的迹象都已消失殆尽；至于万有引力现象，连自然科学家们也认为可以仅仅看作直接的精神作用，这里留下的只不过是这类现象的规律，这种规律在太空的实现就是天体运动的力学过程。"①在另一处，我们读到："自然哲学对自然中直接肯定性的东西进行说明，而不考虑其他因素，比如空间和其余虚无的东西。因此，在磁体中，自然哲学看到的只不过是活生生的同一性规律……在物体中自然
128 哲学仅看到得到展开的系词，展开为重力，展开为聚合力等
等。"②在阅读这样的一段话时，我们肯定本能地感到，万物的实

① *Werke*, I. iii. 340.

② "Darlegung des wahren Verhältnisses der Naturphilosophie zu der verbesserten Fichte'schen Lehre", *Werke*, I. vii. 64.

在或质的实存在隐喻下被从我们身边带走了。对于这样的哲学来说，从它所不能解释的东西中“抽离”(abstract)出来也许是很好的；但尽管如此，磁力既不是如谢林所认为的同一性规律，也不是如黑格尔所说的三段式(Syllogism)。[①] 简而言之，无论这些段落[②]作为对知识进步的解释具有怎样的真理，它们都没有触及实存的形而上学问题。无论我们在哲学中赋予(而且是正确地赋予)普遍的东西或形式的东西怎样的重要性，只有个别的东西才是实在的。

不能认为黑格尔对这样一种简单的真理视而不见，为此我们能轻而易举地引用一些段落，这些段落显然认可我们前面所说的一切。但在黑格尔那里这样的认可所采取的形式是有其特点的。虽然他不否认实存的个别性特征，但他巧妙地设法暗示，因为个别的东西是不可定义的，所以它是无价值的抽象物。比 129
如，他说：“感觉事物都具有个别性和相互外在性，这里还可以补说一句，即个别性和相互外在性也是思想，也是有普遍性的东西……由于语言既是思想的产物，所以凡语言所说出的，也没有不是具有普遍性的……凡不可言说的，如情绪、感觉之类，并不是最优良最真实之物，而是最无意义、最不真实之物。当我说：‘这个东西’‘这一东西’‘此时’‘此地’‘此时’时，我所说的这些都是普遍性的。一切东西和任何东西都是‘个别的’‘这个’，而任何一切的感性事物都是‘此时’‘此地’。同样，当我说‘我’时，我的意思是指这个排斥一切别的事物的‘我’，但是

① 见 Wallace，p. 42。
② 关于黑格尔自己文本中一段非常类似的话，见 Wallace，35，36。

我所说的‘我’，亦即是每一个排斥一切别的事物的‘我’……一切别的人都和我共同地有‘我’，是‘我’。”[①]这种对思想之普遍性或(用可能更易懂的方式来说)抽象性的证明——甚至对那些似乎最直接用于实在的术语来说——就其自身而言既是真的，也是有用的。但是在目前情况下，由此得出的正当结论不是黑
130 格尔对个别东西的暗自嘲讽，而毋宁是特伦德伦堡从同样的考虑中得出的结论，即个别的东西不能被思维用同一标准来衡量或达到。[②] 或如布拉德雷(Bradley)先生以仍旧很激烈和尖刻的方式所说的：“实在的东西绝不能通过观念而接近……以上我们避免了观念和单纯普遍性的困难，就靠着显现于知觉中的实在。”[③]

如果说黑格尔在这里扭转实在之形势的方式有点近乎不诚实，那么他对自然最典型的特征的处理，以及对一般实存的处理，则展现出黑格尔更为明确地注入了相同的品质。

自然被定义为理性的“他者”；也就是说，它在某种程度上是《逻辑学》诸思维规定的重复或反映。在那里被视为抽象性质的概念，现在被展示为在现实存在中得到了实现。用黑格尔自己在《自然哲学》开头的正式定义，他说：“自然必须被看作一种
131 由各个阶段组成的体系，其中一个阶段是从另一阶段必然产生的，是得出它的另一阶段的最切近的真理，但并非这一阶段好

① Wallace, 32.

② “Das Einzelne ist an sich das dem Denken Incommensurable.”—*Logische Untersuchungen*, ii. 230.

③ *Principles of Logic*, 63, 69.

像会从另一阶段**自然地**产生出来。相反地，它是在内在的、构成
自然根据的理念里产生出来的。”①换句话说，自然哲学给我们提
供了一种类型体系或不断上升的类型序列，在这里面我们从处
于范围一端的空间和引力，到另一端的动物机体。在某种程度
上我们可以说，在这样的进展中，我们从最抽象和最不完善的
自我意识存在类似物出发，直到意识在世界上接近显现。表现
过程因大量经验性的东西而膨胀和扭曲，这些东西是黑格尔从
具体科学中提取的，且他往往非常粗暴地把它们纳入其体系的
诸形式之中；但他所遵循的方法旨在与《逻辑学》的方法基本
一样。此外，整个类型体系被视为一种理想的发展。它并未讨
论诸如达尔文理论中所提出的如下问题：行星系统可能是从相
互吸引的蒸汽粒子的简单状态中进化而来；生命起源自无生命
的东西；一种动物类型进化自另一种类型。根据黑格尔上面的 132
陈述，哲学不讨论这些科学进化的问题；正如他会说，他自己
的进化是一种非时间的进化，就像逻辑范畴的进化一样。这就
是说，他认为，体系中的诸类型是永远并列存在的，它们所有
都是体系的整体所必需的。他说：“概念通过普遍的方式使所
有特殊性同时达到现实存在。把类属想象成时间上逐渐进化
的，那是完全空虚的。时间上的区别对思想毫无趣味。”②正如
我所想的，这体现了一种关于进化哲学的深刻真理，但我们在
这里不关心这一方面。从这些引文中我们可以明显看出，自然在
某种程度上被黑格尔还原为一种由抽象类型组成的静态体系。

① *Werke*, vii. 32.
② Ibid., 33.

但只要看一眼自然就足以表明，它的主要特征——与把一种理性体系的不同部分联在一起的逻辑必然性相比——是其纯粹的事实性(matter-of-factness)，我说的不是其非理性(irrational)，而是其与理性无关的(non-rational)或与逻辑无关的(alogical)特征。事物在空间中并排存在，或在时间上相互接续，完全
133 不相干；从一个事物到另一个事物，不存在任何逻辑通道。为什么我们的系统中就正好只有这么多行星，而不是更多？为什么它们各自的大小就正好是那么大？为什么它们中的一个会被撞成碎片，而其他的则没有？为什么英吉利海峡会将英国与欧洲大陆隔开？为什么每座岛屿都正好出现于它所在的海洋中的那个位置？为什么那里一定会有一个岛屿，为什么这个岛屿不向东或向西一英里？毫无疑问，在许多情况下，我们也许能够为这些事实提供一种所谓的理由——也就是说，我们也许能够指出事物必然由此产生的以前的某种分布。我们可以设想，如果我们的知识是完善的，那么我们应该能够以这种方式指出每一颗最细小沙粒的确切位置。但是，我们为当前的安排所能找到的最终排列将离逻辑或理性的必然性相去甚远：这将是**一种单纯的排列**，是完全与逻辑无关的东西，可以作为一种事实接受。我们可以通过诉诸世界的另一个方面来进一步说明同一件事，这个方面与我们对整个外部自然的经验范围一致。事物的
134 不同属性之间有什么逻辑联系？例如，玫瑰的气味与它的形状之间有什么逻辑联系？或者橘子的味道与它的颜色之间有什么逻辑联系？这些属性结合在一起，这是事实，但任何推理过程都不可能使我们从一种属性推出另一种属性。那么，回到黑格尔关于某

种类型体系的想法，我们该如何看待类型在其中得到实现的无限杂多的个别呢？为什么每种类型都会有不止一个完美例子？黑格尔对于这一切都没有说明；但这是实在存在最典型的特征。正如哈佛大学的詹姆斯(James)教授所说："[实在的东西的]诸部分好像是从一把手枪里向我们射出来的一样。每一个部分都声称自己是一种简单直接的事实，其他部分则不是，就我们所见，如果没有其他部分，它甚至可以形成一种更好的体系。任意的(arbitrary)、不相关的(foreign)、来回摇动的(jolting)、不连续的(discontinuous)——这些都是我们想拿来描述它的形容词。"①

对黑格尔来说，完全忽视上一段中所强调的实存方面是不可能的，但他似乎认为，通过**指出**(naming)困难他就已经摆脱了它。他称其为偶然性，并将其与"概念"的必然性相对立："既然理念作为自然，是在其自然之外的，那么理念的矛盾更确切 135
地看，就是这样的矛盾：一方面是概念所产生的理念的各个形成物的必然性及其在有机总体中的理性规定，另一方面则是这些形成物的不相干的偶然性及不可规定的无规则状态。由外面促成的偶然性和可规定性在自然领域内是有其地位的。"②但接下来，黑格尔试图用大胆的笔触来扭转实在的局面。他说，实际上，诸事实以这种与逻辑无关的方式表现出来，是自然的错，而非哲学家的错。"仅仅抽象地保持概念的规定，将特殊东西的实现委诸外在的可规定性，这是自然界**无能**的表现。"他也说："自然界是自我异化的精神。精神在自然界里一味开怀嬉戏，

① *Mind*, vii. 187.

② *Werke*, vii. 36.

是一位放荡不羁的酒神。在自然界里隐藏着概念的统一性。”①他在《哲学全书》“导言”中更平实地表达了同样的想法，但也
136 同样语气强烈：“同样，如‘自然’这个理念，在对它进行个别研究时，亦转化为偶然的事实。如自然历史、地理学和医学等皆陷于实际存在的规定，分类与区别，皆为外在的偶然事实和主观的特殊兴趣所规定，而不是由理性所规定。”②最后，当这个问题与逻辑学中的“偶然性”范畴发生关联时，黑格尔趁机贬损那些有时因自然的丰富和多样而对其所作的赞美：“这些庞大繁多的有机和无机的品汇也仅供给我们以一种消失在纷纭模糊中的偶然性的观感而已。无论如何，那些受外在环境支配的五花八门的动物植物的个别类别，以及风、云状态的变幻多端，比起心灵里一时触发的奇想和偏执的任性来，并不值得我们予以
137 较高的估量。”③黑格尔接着说：“但作为**理念的形式之一**，偶然性在对象性的世界里仍有其相当的地位。首先，在自然里，偶然性有其特殊作用。在自然的表面，可以说，偶然性有了自由的施展，而且我们也须予以承认，用不着像有时错误地赋予哲学那样的使命：自命想要寻求出只能是这样，不会是那样的原因。”④

---

① *Werke*, vii. 24. 原文中的 ausgelassen 这个词是双关语，它既意味着“放松”(released)或“放出”(let out)，也意味着充满怪异或喧哗的欢笑。

② “Die von äusserlichem Zufall und vom Spiele, nicht durch Vernunft bestimmt sind.”——Ibid., vi. 24; *Wallace*, 21.

③ 也许值得注意的是，黑格尔的例子由于具有特别不重要的性质，所以它往往掩盖了这样一个事实，即他所说的偶然性与整个实存的范围是共通的。因此，展现出偶然性的不仅仅是我的“一时触发的奇想”(casual fancies)，而是我的整个思想过程(被看作时间里的一种事件进程)，也就是说，我的整个主观的或个别的经验。

④ *Werke*, vi. 288, 290; *Wallace*, 227, 228.

这些段落，尤其是最后一段，包含了两种观点的奇特结合，其中一种观点是完全站不住脚的，而另一种观点则不会被像黑格尔这样的体系所接受。第一种观点是，偶然性本身是一个范畴，是理念的一种形式，当理念得到实现时，偶然性必定表现出来，并与其他范畴一样有其范围。因此，通过称一种事物为偶然的，我们似乎就对这种事物做了一种断言，使它进入我们的理性系统范围。但这肯定是最显然的谬论。因为，说一种事物是偶然的或意外的，用多一些话来说就是，我们不能合理解释它为什么是这样，而非其他。很难理解，我们没有给出任何 138
解释的说法如何能被解读为本身就是我们想要的解释。一种唯理论体系，如果它说，有东西“为外在的偶然事实和主观的特殊兴趣所规定，而不是由理性所规定”，可以公正地认为，它在其理解整个实存的尝试中承认存在失败。黑格尔勉强承认这一点，这可被认为是与第一种观点有所区分的第二种观点。他说，我们绝不能假装把这种偶然性归结为理性，或者如他在《自然哲学》中的表达：“自然界那种无能的表现给哲学设置了界限，而最不当的是要求概念能理解这类偶然性，并且像有人说的那样，‘构造’和‘推演’这类偶然性。”但他归咎于自然。如果我们不能将事实合理化，那只是因为这些事实对理性来说不相干或不重要。现在，在某种意义上，这是一个没人会有争论的立场。就宇宙的**意义**而言，这样一些不重要的部分是以这种方式还是以那种方式排列可以说并不重要。可以说，阐释宇宙的意义构成了哲学的基本任务。哲学必须表明，世界体现了一个在理性上 139
令人满意的目的，这种目的还要得到实现；但这必然妨碍对个别事实的注意，无论这些个别事实是人还是物，这种意义、目的或理念都要在这些东西上得到实现。在这种论点中包含有一定量的真理，尽管我敢说，这样一种哲学在其形而上学方面仍然极为不完整。但无论如何，作为一套绝对体系的提出者，黑格尔理应不使用这样的语言。从如下一类哲学来看，这或许是可以理解的，这类哲学自称从混杂的经验事实出发，它努力在这些事实中寻找一条理性目标的线索，从而多少有些自信地宣称找到了一种合乎理性的和谐(harmony)或体系。但另一类哲学则并非如此，这类哲学从一套完整的思想体系出发，并声称要从理性来解释事实世界，直至其最深处的纤维。因为第一类哲学体系是从偶然的个别经验事实出发的，所以它不会有取消它自己的立足点的危险。但对于像黑格尔哲学这样的体系来说，放弃对单纯事实的所有考虑，并不意味着事实基础被认为是理所当然的，而是意味着它被系统地忽略了。一个重要的实际结果
140 是，世界的意义所在的目的将是一些抽象概念的实现，而不考虑个别，只有对这些个别来说，它才能得到实现，毕竟只是它们的存在才是实在。宇宙将趋向于完全凝缩为一个逻辑过程，但只有个别才是这一过程的中心。

我们会在下一讲中看到，这是黑格尔体系所面临的一个特别的危险。

141 **第 4 讲增补内容**

记录一下康德和费希特关于实存问题的意见，可能是有启发的，也不无意义。我们会发现，它们与上述黑格尔思想的倾

向形成了一种明显的对比——在费希特那里，我们几乎本不该有什么期待。我们很容易做这种对比，因为黑格尔在其《逻辑学》中所讨论的主题与康德在《纯粹理性批判》“先验逻辑”部分的主题以及费希特在《知识学》理论部分的主题基本相同。

关于康德，不需要多说。当然，对他来说，范畴是没有意义的单纯空洞形式。至于其他方面，我们前面已指出了他的立场。他说，每个存有命题都是综合的。它的真理只能后天确定，或通过参照经验来确定。因此，实存是任何概念或概念系统都无法给予我们的东西。他就是用这种思路对上帝的存有之本体论证明施加决定性的力量；而黑格尔为恢复这一证明做了不懈的尝试，对于他自己的体系的最终评价而言，这些尝试不无意义。

众所周知，康德批评费希特的体系（在他关于这个问题的公开声明中）：“不多也不少，恰恰就是**单纯的逻辑**。单纯逻辑的原则并不涉及认识的质料，而是作为纯粹的逻辑，把认识的内容抽象掉。要从纯粹的逻辑中提炼出现实的客体，是一件白费力气的工作，因而从来也没有人尝试过。”①但是，尽管在《知识 142
学》的形式上有很多东西可以证明这种指责是合理的，但它对费希特来说却不太公正。然而，可以预计，它是对黑格尔的程序的一个非常恰当的描述。费希特明确反对这种指责。我们已经说过，《知识学》的理论部分与黑格尔的《逻辑学》相应；② 在这

① *Werke*, viii. 600.

② 当然，《知识学》远非如此详尽，而且演绎的顺序与黑格尔的相反，它从作为主体和客体之综合的自我概念开始，并从这种关系演绎出各种范畴。但程序上的差异并不影响这两项工作在目标上的相应。

一分析的结尾，费希特告诉我们，整个研究迄今为止一直在一种由非实在物所组成的世界中进行。他说，我们一直在谈论自我，但到目前为止，我们一直在谈论“一个没有某种东西发生关系的单纯关系……（这样的某种东西，我们在这里以及在整个知识学理论部分里都完全撇开不管）”①。换句话说，我们一直在谈论自我的概念，但并不讨论任何实在的自我；我们一直在处理抽象的东西，而不处理实在的存有。同样，在谈到他的研究的第二部分时，他说：“在《知识学》的理论部分，我们只与认识打交道，在这里，我们打交道的是被认识者。在那里，我们的问题是：某种东西是怎么被设定、被直观、被思维的等等②，在这里，问题是：什么东西被设定了？因此，如果说知识学终归需
143 要一门形而上学，……那么，知识学就不能不将这个任务交托给它自己的实践部分来承担……知识学的实践部分谈论的唯一问题乃是一个原始实在的问题。”③稍后，他谈到了感受（feeling），普通的意识将其归结为事物的行动，但费希特认为这是由自我本身造成的，他还强调说：“这种情况就是一切实在的根据。仅仅由于我们现在所论证的这种感受对自我的关系，自我才有可能意识到实在，无论是自我的实在，还是非我的实在，总而言之，实在性实际上只不过是一种信仰。”④他在其他地方说：“忘却这种原初的感受，会导致毫无根据的超验唯心论和不

---

① *Werke*, i. 207.

② 即，认识的诸形式条件是什么？一般的认识概念是什么？

③ *Werke*, i. 285.

④ *Werke*, i. 301. “An Realität überhaupt... findet lediglich ein Glaube statt.”

完备的哲学，这种哲学无法解释客体那种只能被感觉的属性。”① 诚然，费希特没有像康德那样把这种感受作为一种单纯的事实；他把它看作道德生活的需要，从而可以说试图使它合理化并把它纳入他的一元论范围之内。但我们在这里关注的是他坚持认为，感受是唯一的点，在那里我们触及坚实的基础，并获得我们整个结构的一种基础。同样的观点在他 1800 年为校外人员使用而写的雄辩的《人的使命》(*Bestimmung des Menschen*)中得到了更深刻的阐述；事实上，它构成了整个讨论的转折点。

这本书分为三卷，第一卷题为“怀疑”，它描述了一个人在 144
唯物论和宿命论(Fatalism)中纠缠的痛苦，因为他把自己仅仅看作其他事物中的一个自然物——宇宙巨大机器中的一个轮子。第二卷题为“知识”，它描述了这个人通过康德-费希特的知识理论从这种恐惧中解脱出来。他认识到被费希特所称的“独断论”立场的内在不可能性——这种不可能性是指，一种单纯的事物系统不可能会产生独特的自我意识事实。相反，他发现，单纯的客体是一个无法实现的抽象物，整个自然界——他似乎作为一个无足轻重的部分被囚禁其中——只作为一种现象存在，是相对于它起初威胁要吞噬的意识而言的。但在他欢呼时，他突然意识到，这种解脱毕竟是纯粹的虚幻。因为这种论证只是表明，一切客体本身都必须受制于进行认知的自我的形式。但这样一种自我并没有关于它的实在的谓词；它只是认知过程中的一个形式上的统一点。如果事物系统被还原为意识中的观念或

① *Werke*, i. 490. 这段话来自出版于 1797 年的《知识学》之《第二导论》；前面几段话都来自《知识学》本身。

客体，那么他自己也就同样被分解为一种单纯的表象（Vorstellen）或没有意义或目标的观念过程，因为没有自发的活动。[①]
145 当达到这种洞见时，费希特转向他书中焦虑的探究者，责备他的如下看法，即把这一理论——它代表理论上的《知识学》——作为人类精神的完善体系。他说："你竟然以为我不如你懂得这些结论吗？……你希望知道你的知识。你在这条道路上也无非得知你希望知道的东西，即你的知识本身，你对这件事情感到诧异吗？……凡通过知识并根据知识产生的东西，都只不过是知识。但一切知识都只是映象。在知识里总需要有某种同映象相对应的东西。可是没有一种知识能满足这一要求……那个你以为已经看到的实在，一个不依赖于你而存在的、你生怕变为其奴隶的感性世界，对你来说已经消失了，因为这整个感性世界只是通过知识才产生的，它本身也就是我们的知识……这毕竟是唯一的功劳，我把这功劳归于我们刚才共同发现的体系，这体系破坏和毁灭了谬误。但这个体系不能提供真理，因为它本身就是绝对空虚的。"

只有在题为"信仰"的第三卷中，费希特才最终开始满足他的学生对实在的要求，并表达他自己的最终立场。他说："在我心里有一个向往绝对的、独立的自我活动的意向……我之所以认

---

① "我自己绝对不知道什么，也不存在。只有一些映象（Bilder）存在着，它们是唯一存在的东西，它们按照它们的样式知道自己是这样的：它们匆匆浮现过去，却不存在某种东西，它们似乎从这种东西面前浮现过去；它们通过映象的映象联系起来，却没有某种东西在它们当中得到映现，而且它们也没有任何意义，没有任何目的。我自己就是这些映象中的一个映象；我甚至不是这样一个映象，而只是这些映象中的一个模糊映象。一切实在都变成了一场怪梦，没有梦想的生活，也没有做梦的心灵；一切实在都变成了一场在关于自身的梦中编织起来的梦。"（*Werke*, ii. 245.）

为自己具有制定概念的能力，是因为我制定了概念……我认为自己具有用概念以外的实在行动来表现这种概念的能力；我认为自己具有一种实在的、起积极作用的、能创造存在的力量，这力量完全不同于单纯制定概念的能力。那种叫作目的概念的概 146
念，不应该像认识概念那样，只是业已存在的东西的摹本(after-pictures)，倒不如说，它应该是要被创造的东西的原本(fore-pictures)；实在的力量(the real force)应该存在于概念之外，并且作为这样的力量，应该是独立存在的；它应该仅仅从概念获得自己的规定，而认识则应该对它进行观察。这样一种独立性，我根据那种意向(impulse)，觉得自己确实是具有的。”他接着说："在这里看来有一个点，在这个点上联结了对于一切实在的意识；我的概念的实在效用(the real activity)和我根据这种效用而不得不认为自己具有的实在行动力量(the real power of action)，就是这个点。不论在我之外的感性世界的实在性如何，反正我自己是有实在性的，是理解实在性的，它就在我之内，隐藏在我本身中。无疑，我这种实在的行动力量可被设想为思想或知识的对象，但对我向往独立行动的意向的直接感觉，就是以这个思想为基础的；这个思想只是反映(picture or represent)这种感觉，并用它自己的形式——思维的形式——接受这种感觉。”简而言之，在费希特看来，现实存在或对于实在的意识，只有在意志中或在对我自己活动的直接感受中才能达到。即使与知性随后可能提出的对可能的自我欺骗的怀疑相对立，这种感受也必须被接受为我们唯一坚定的立足点；它必须被信仰(believed)。信仰是“一种官能(organ)，通过它我可以理解这种实在性”。

147 这些引文几乎过长了。但考虑到费希特天生的演绎精神和他在发现机会时对建构的喜爱，他的声明尤其重要。上面所引用的段落表明，他强调实在在本质上的被给予特征——即使在他最早的著作中也是如此。如果我们一定要认识它的存在，它就必须成为活生生的或被经验的；我们与它的关系必须是直接意识或感受的关系。知识之后可能会把这种予料纳入它自己的形式，但知识对实在总是处于这种依赖或寄生的关系。知识是反映，是实在事物的象征；但正如费希特所说：“知识不是实在，它之所以不是实在，正是因为它只是知识。”知识不是第一位的，而是第二位的。正如谢林在他后来的著作中所说的那样：“不是因为有了思维才有存在，而是因为有了存在才有思维。”我们同样可以把它与我们在黑格尔和柏拉图之间所发现的类似性联系起来，实在的东西不是理智概念的影子，而是理智概念本身是实在世界的影子。下列回答也是不能允许的：这只对人类思想来说才是真的，而必须仍然要承认实在世界只是某种神圣或绝对思想的影子。因为，首先当从最广义上来理解“上帝”这个词时，上帝就被包括在实在世界中，而神圣的思想显然要以神圣的存在为前提——一种神圣的东西存在，他的思想才存在。其次，尽管我们也许可以把狭义上的实在世界称为上帝之创造性思想的影子或结果，但在这种情况下，这些思想本身并不是能动的。正如费希特在上面所说，“实在的力量应该存在于概念之外”：它存在于作为活生生的能动意志的神圣存在之中。

148 但在这里，黑格尔再次与费希特分道扬镳。正如黑格尔显然是在体系上试图从纯粹的或抽象的思维演绎出实存，在他那里神圣的存在本身也倾向于缩减为某些逻辑概念的优先权，正如我们在前面的讲座中所看到的那样，一种能动的或创造性的效能被赋予它。这一事实——我们将在接下来的讲座中充分讨论它——似乎明确证实了上述关于黑格尔的真正意义的观点。

149

第5讲 黑格尔关于上帝与人的学说

在上一讲中我们已经在一定程度上处理了黑格尔要从单纯共相中构建世界的尝试，现在我们必须更具体地考虑这种体系关于上帝和人所作的解释。它是否规定了他们的具体实在，或者说上一讲的一般批评是否也适用于此？我们是否认识到将实在提升为抽象共相的相同趋向？

对一个细心的学生来说，首先引起注意的是黑格尔设法回避对作为一切哲学之基础的世界性古老问题——上帝的本性以及上帝与人的关系——给出任何明确的答案。对于一个体系来
150 说，这似乎是一种奇怪的论断，在这种体系中有那么多关于绝对的讨论，有那么多关于上帝的讨论，这些讨论甚至是在更为普通的名义下进行的。然而，我认为必须承认，黑格尔最终使我们陷入巨大的疑问之中，既怀疑他想赋予神圣存在者的那些存有模式，又怀疑他对不朽问题的解决，这毕竟是关于人的命运的最紧迫问题。我只需以斯特林博士为例就够了，在黑格尔研究方面没人比他更深刻和更诚实。众所周知，斯特林博士站在有位格的上帝和人的不朽的立场上进行裁定。但是，如果黑格尔的陈述是直截了当的，而且是其体系的必然结果，为何需要这种费力的保证呢？在《黑格尔的秘密》中，在最后的解释之

前，斯特林为什么会出现那些动摇？甚至在作出了最终的解释之后，为什么斯特林在给施韦格勒的《哲学史手册》所作的最后的注释中还会出现犹豫不决？在《黑格尔的秘密》中，我们读到："当然，黑格尔的体系在很多方面是非常费解的，也许最让人费解的莫过于我们如何将上帝理解为一种主观精神，将人理解为一种主观精神，以及如何理解上帝和人的相互关系。"①如果有必
要进一步证明这种模糊性，那么参考一下德国黑格尔派的历史 151
就足够了，它向我们表明，基督教的有神论者和逻辑的无神论者都诉诸其老师黑格尔的话语，都宣称是其学说的真正继承者。

这种歧义是可能的，正因为如下问题，斯特林将其表述为，"作为一种主观精神的上帝与作为一种主观精神的人"都是具体的存在，而黑格尔体系的特点是它自始至终只处理一般物。从其体系的开头到其末尾，黑格尔既没有严格讲神圣的自我意识，也没有严格讲人的自我意识，他严格分析的是一般自我意识——既不是神圣的精神，也不是人的精神，而只是"精神"。例如，世界的进程被看作精神或具有自我意识的理智的现实化。但精神是一种抽象；理智是一种抽象，——只有**诸精神**或**诸理智**是实在的。甚至当我们谈到绝对精神时也是如此——这个例子乍一看可能显得没有任何疑问。德语本身的诸形式似乎诱使黑格尔回避问题；因为虽然他谈到(而且根据德语的惯用语，他不可避免要谈到)"绝
对精神"(the absolute Spirit)，但这无论如何不像英语直译那样意 152
味着，黑格尔把上帝说成一种主观精神，一种单数的理智。这就像"人是有死的"(Man is moral，在德语中为"the man is mortal")这

① I. 244.

种表述一样，它并不意味着对特定个体的指称。根据德语用法，冠词在任何情况下都与名词连用；“绝对精神”必然不指一个具体的主体，而只不过指先于某个具体主体的单纯“精神”或“理智”。黑格尔说，绝对精神实现在艺术中，实现在宗教中，实现在哲学中；但他没有告诉我们，绝对精神是在谁的实际精神或诸精神中实现的，是为了谁的实际精神或诸精神实现的，最终我们要在两种尖锐对立且不能调和的立场中进行选择。

然而，这正是我们要从一种哲学中所期待的，它将诸概念看作终极实在的，把物或实在存有看作概念的例示。黑格尔已经采用了自我意识的概念或观念——在早期作品中他称之为主体，在后来作品中则称之为精神，而且他将实存的整个历程理解为这种概念的演进以及最终完全的实现。但很明显，如果我们这样从一种抽象的概念出发，那么我们所得到的结果将始终
153 是抽象的。精神，当其在发展的最后再现时，当然将以一种单数形式再现，因此我们可以设想，它所指的是神圣精神/圣灵（the Divine Spirit）；但事实上，它正是作为我们起点的抽象单数，这不过意味着“存在理智或精神”——“形式获得实现”。但在哪里实现或在谁身上实现，黑格尔对此什么也没说，或者沿着这些思路不能说。为了回答这个问题，我们不得不回到普通经验上；在普通经验上，我们可以说，这种作用实现在我们位格的存在中，实现在人类文明的诸产品中。但至于在一个神圣的精神中的任何进一步和更完美的实现，恐怕我们必须求助于比黑格尔所赞成的东西更为普通的推理方法。

精神，或“具体的理念”，无疑被黑格尔设想为一种统一，

上帝和人在其中应当都被理解为一种——与先前任何哲学所达到的情况相比——更加密切的联合或者更加活生生的相互贯通。而且宣称这种统一或相互贯通时，不会损害差别的作用，因此不会退到一种泛神论的实体同一性中去。这是一个值得哲学家去做的目标和任务，因为哲学和宗教都充分证明：在宇宙中为 154
上帝和人找到空间是几乎无法克服的困难。思辨忙于研究二者之间的关系，每一方都想反过来吞没对方。人类思维的钟摆不断在个体主义（Individualism）和普遍主义（Universalism）这两个极端之间摇动，前者导致无神论，而后者则导致泛神论或无世界论（Akosmism）。这种对过去历史的洞见使下列这点成为进一步的哲学思考的更为紧急的任务，即寻求一种能够同样被思辨意识和道德意识接受为真的关于个体主义和普遍主义之间关系的命题。黑格尔充分意识到了这种责任，他的调和方案在其概念上是一种特别宏大的方案。这个方案不亚于将宇宙的整个进程展示为上帝的光辉和包罗万象的生活中如此多必然的环节或阶段。承认如下这点不必有任何迟疑：提出这种观念也将永远是人类精神的伟大丰碑之一。即使在其错误中，黑格尔的体系也是那些可以用来教导几代人的“辉煌的缺点”（splendid faults）之一。但我们不能接受它是解决难题的一种方案。精神并非它要达到的、被提出来的两个方面的实际统一。虽然精神被称作“具体理念”①，但我们并无证据 155

① *Werke*, xv. 685，在《哲学史讲演录》最后那里，精神也是“自己知道自己的理念”（die sich wissende Idee）、“自己理解自己的思想”（der Gedanke der sich selbst fasst）。与之类似，在《哲学全书》最后（*Werke*, vii. 2, 468-469），绝对精神被称为“对自己作认知的理性”（die sich wissende Vernunft）、“对自己作思维的理念”（die sich denkende Idee）；在结束语中，黑格尔说：“永恒的自在而自为地存在着的理念作为绝对精神永恒地使自己运作，产生自己和享有自己。”因此，在更广泛的意义上，“理念”这个词经常不是用来特别指逻辑理念，而是指黑格尔所称的“具体的总体性”，他的体系是对这种总体性的详细说明。

表明精神在指一种现实存在的意义上真的是具体的。仅仅在提到先于它的“逻辑理念”时，精神才是具体的。精神或绝对精神是理念自我创造地投射到实存(它已经被批判过了)上的最终产物；因此它能被称为作为实在的理念。它是理念的实际复本，是知识概念的具体化。但我们已经充分看到，通过这种方法我们不可能达到一种实在存在。“具体的理念”仍是抽象的，而且要把上帝和人统一起来只能通过消除二者的实在内容来达到。上帝和人都消失或被升华到“具体的理念”，但仅仅因为它代表了对二者来说共同的东西，即理智的概念本身。上帝和人实际
156 上并不消失在一种泛神论的实体中，而是消失在一种逻辑的概念中。如果我们仔细审视这种体系，那么我们会发现精神或绝对者时而充当上帝的替代物，时而充当人的替代物；但当我们把握住了神圣的目的，我们就丧失了对人类目的的把握，反之亦然。我们从来没有同时拥有二者，有时是前者，有时是后者——不断地交替，这实际上代表了这种体系中两条不同的思想路线，以及它所导致的两种不同的结论。但这种交替被黑格尔本人处理得如此巧妙，以至于它看起来不是交替，而是统一。

通过追问上帝或绝对与黑格尔在《哲学全书》中所勾勒的发展之间的关系问题，我们能最为清楚地看到这种说法的真实性。那种发展从逻辑学进入自然，从自然进入精神，而且在精神中慢慢经过一切阶次——从个人理智开始到社会和国家等客观精神，再进一步进入绝对精神，它存在于且为人所知的艺术、宗教和哲学中。因此，关键的问题在于，在这里得到发展的主体是

什么，以及我们应在何种意义上看待“发展”这个术语？根据黑格尔的用法，他讨论的是单数的发展主体，他称之为“一种普遍 157
的个体”，且明确称之为绝对。在这种发展中，绝对被说成是回到自身，或实现它自己的本性。因此，这似乎是对我们的问题的回答，而上帝的*存在*（不再进一步说）似乎也可以通过这样一种陈述而不再有争议。在黑格尔方面也不乏对神圣的存在的明确断言。黑格尔仿佛意识到了他的体系所采取的形式可能产生的误导性效果，并希望消除这些错误的印象。因此，他不断地提醒我们，看起来是发展终点的东西实际上也是开端——整个体系的有生机的预设。思想不是先作为逻辑学，然后作为自然，最后以其完成的形式作为精神而存在；它仅仅作为精神而*存在*，因此它是*圆满的东西*（res completa/completed Fact），逻辑学和自然都是从它那里抽象出来的东西。据此，这种包含三个部分的发展最终仅仅是一种理想的分析，是对那些实际上从未分离，但仅仅存在于精神的具体生命中的要素所作的一种逻辑上的分离。这在构成《精神现象学》序言大部分内容的晦涩但引人注意的说法中是非常清楚的，我们曾在前面的讲座中引用过一些。[①] 158
我们在《大逻辑》中遇到同样的情况；[②] 而在《宗教哲学》中，当他应用或沿用《逻辑学》的结论时，黑格尔甚至更加努力地避免

① 在第 3 讲的开始部分，前面第 80 页和第 81 页。可能要引用的其他段落如下：“真理就是它自己的完成过程，就是这样一个圆圈，预悬它的终点为目的并以它的终点为起点。”（*Werke*, ii. 15）“关于绝对，我们可以说，它本质上是个结果，它只有到终点才真正成为它之所以为它”；但“结果之所以就是开端，只因为开端就是目的”（Ibid., 16-17）。

② 比如在前面所引用过的段落中：“人们因此很可以说，……必须使绝对的东西为一切的开端，并且一切进程（即一切辩证的发展）都是这个绝对的东西的表现。”

误解。他说，由于逻辑的演进，“人们会产生错误的想法，好像上帝被设想为结果；但当人们有了更进一步的了解，我们就会知道，这个结果具有绝对真理的意义。这里意味着，作为结果出现的东西——正因为它是绝对真理——不再是由其他东西产生或引出其存在的东西……‘上帝是绝对真者’，这等于说，绝对真者，因为它是最终者，正同样是最初者：但因为它不仅仅
159 是开端，也是结束，是结果，因为它来自它自己，所以它是真者”①。在这一点上，引文可以无限地增加。因此现在接受黑格尔重申的保证就足够了，即绝对——“绝对的、具有自我意识的精神”——是永远独立不依的，是“事实”这个词的严格和完全意义上的唯一事实。

那么，这种完满的自我意识是如何与构成世界进程的发展相联系的呢？如果我们仔细研究黑格尔的说明，那么我认为我们会发现，这二者之间并无真正的联系，而且二者间联系的现象是通过在双重意义上使用“发展”这个术语来维持的。首先，这个术语的使用与它在《逻辑学》中的使用所产生的联想有关。如果我们愿意，我们可以把《逻辑学》中诸概念的系统排列称为一个过程或发展；如果我们这样做，那么很明显，这里与时间上的某种发展并无任何相似之处。这里存在一个由相互联系的抽象概念组成的体系，这由此使我们得以通过逻辑上必然但总

① *Werke*, xi. 48. 黑格尔还说(p. 132)：“结果抛开了其作为结果的特征……意识到自身的绝对精神因此是最初者和最后者(the First and the Last)。”也参见 ibid., xii. 178.

此处引文与德语原文不同，按照德语原文应为“……意识到自身的绝对精神因此是最初和唯一的真(das Erste und einzige Wahre)”。——译者

与时间无关的转变从一个概念过渡到另一个概念。事实上，整个体系，作为一种由抽象概念组成的体系，可以说是与时间无 160
关的；而发展的进程——如果我们坚持这样称呼它——也可以说是一种无时间性的或永恒的进程。现在，黑格尔将这种逻辑上必然但与时间无关的转变的观念扩展到这种进程中，通过这种进程，用黑格尔自己的话来说，思想将自身外化到自然中，并在精神中返回自身。我们被告知，正是由于逻辑的必然性，逻辑上的理念决定自身不仅仅是逻辑的，而且同样的必然性又趋使它从其暂时的异化中返回自身。因此，黑格尔把这也称为一种永恒的进程。用宗教语言来说即：“上帝是世界的创造者；成为创造者，这属于他的存在、本质……创造不是一次就能完成的行动：理念中的东西就是理念的永恒环节、永恒规定。”①“上帝作为精神本质上是自我启示；他并非一次创世，而是永恒的造物主，永恒的自我启示，这种行动。这就是他的概念，他的规定……上帝设定他者并在其永恒运动中扬弃它。”②“没有世界，上帝就不是上帝。”③

这些表述都来自《宗教哲学》，但相关学说是我们在黑格尔 161
所有作品中都能见到的。黑格尔所使用的这些术语被认为传达了如下印象，即世界生活被包括到绝对自我意识的进程中，一切都因此在包罗万象的神圣统一中得到了令人满意的理解。但我们不可能同时将这一进程描述为必然的和永恒的，并将世界（自然和历史）的实际过程包括进去。如果我们选择第一种可能

① *Werke*, xii. 181.
② Ibid., 157.
③ Ibid., xi. 122.

性，那么黑格尔的自然——他的第二阶段——就与费希特的非我无异；正如他自己所描述的那样，自然其实不过是自我意识中所涉及的必然否定的东西或相对立的东西。某种对立或两重性可能很容易被推断为自我意识存在的必要条件；但这远远不能构成如下推论，即自然或世界是一种无限多样的具体事实。费希特的建构，正如他自己所承认的，是对**自我意识概念**的理想建构，而非对任何实际进程或实际存在的说明；这与黑格尔的建构完全一样。这种永恒的创造或自我启示进程只不过是一般的自我意识观念本身。将神圣生命看作这方面的完美例子可
162 能并不特别；当然，黑格尔并不是第一个这样做的。但黑格尔
把自然及其实际进程和生命形式纳入圆圈之内，并把它完全看作神圣自我意识的客观方面，这只是黑格尔的主张。即使我们倾向于同意这一主张，但黑格尔的建构没有为神圣的旁观者之外的任何其他自我留下空间。简言之，正如我们经常在黑格尔那里看到的那样，从理想或概念的分析到实在的事实仍存在一步大胆但不合理的跨越。每个自我自身就有一个非我，但这并不能证明我们有理由把所有的存在都不假思索地扫进一个单一的自我意识圆圈，并将自然等同于上帝的非我，且通过完全排除我们自己的自我意识来简化这个难题。不能说这是对黑格尔的一种的误解。如果我们与黑格尔在这里的立场一致，那么就有一个自我意识的空间；有限的诸自我被消灭，而被剥夺了它自己的所有生命的自然就好像变成了那一个自我意识对自身进行沉思的死寂的镜子。这就是从神圣的观点来沉思宇宙的方案。但我必须重申，它是通过把自我意识概念实体化才达到

的，而非通过某种来自实在的进展。事实上，这种实体化的概 163
念与由实在事物和实在的人所组成的世界之间没有沟通桥梁。

这一点在黑格尔《宗教哲学》的解释中表现得非常明显，在这里他一反常态地从彻底完美的绝对这个概念出发。黑格尔采用宗教术语，在这里先后讨论了圣父的王国、圣子的王国和圣灵的王国。在标题“在其永恒理念中自在自为的上帝”下，圣父的王国得到进一步阐述。他一开始就认为，上帝，虽在其永恒理念中被思索，但仍旧处于思维的抽象环节中；理念尚未被设定在其实在中。在同一标题下，黑格尔继续讨论绝对分离或差别，它们必定出现在这种纯粹思维中；仍在同一标题下，黑格尔还讨论了上帝是精神，或圣三位一体。他所称的这种“安静的奥秘”(still mystery)是哲学的“永恒真理”；它是“上帝的纯粹理念”。事实上，它只是揭示了精神(Mind or Spirit)的本质性特征，正如我们在认知行动中所看到的。“上帝，永恒自在自为的存在
者，永恒产生自身作为自己之子，将自身与自身相区别……但 164
被他区别于自身者，并不具有一个他者存在的形态，而是被区别者直接只是其与之相分离者。上帝是精神；无黑暗、无色彩或混杂进入这一纯净之光中。”[①]在这种区别中，进行区别的一方可被称为共相；被区别的一方可被称为殊相：但这两种规定是同样的。区别一被确定就被移除了；它被规定为一种并无实际差别的区别。“如此所是的此者就是精神本身，或以知觉的方式表达，就是永恒的爱。圣灵是永恒的爱……爱是彼此完全未被区别开的二者间的一个区别……上帝是爱，即该区别和该差别之

① *Werke*, xii. 185.

虚无，该区别的一种游戏，未认真对待该区别。”[1]因此，尽管一开头说了那样的话——上帝在这里被思考为仍处在抽象的思维环节中——但似乎并不可能把这种精心的构造理解为除了对神
165 圣的自我意识(它实际上是为上帝本身存在的)的一种说明之外的任何其他解释。正如黑格尔没有忘记告诉我们的那样，它是对三位一体的思辨性构造；而根据黑格尔的原则，如此设想的三位一体无疑必须被认为是自为存在的，是基于它自身的原因而存在的。

这种构造本身并不是黑格尔所特有的。他在以下方面追溯那些预示了他所称的学说的诸种理论：不仅在亚里士多德关于知识的论述中，也在他关于纯思所说的话中，但更为特别地是在新柏拉图主义的逻各斯学说中。黑格尔的思辨的三位一体事实上只是对那种古代哲学命题的恢复，在启蒙运动的平淡时代结束时，莱辛曾将启蒙运动重获生机的希望放在这种古代哲学之上，[2] 并将它作为礼物送给了新的德国哲学。但无论它作为对神圣本质所作的一种思辨构造的价值如何，我们在此必须注意的是，黑格尔的目标是在这种完美的自我意识的形式下表现整个宇宙生命。因此，对他的目的至关重要的是，这个过程的第二阶段——这里所称的圣子——应当被理解为与世界相等同的
166 东西。事实上，断言世界的永恒创造是神圣本质的一个基本环节的段落正是取自这一节；由此将圣子和世界等同起来的意图是明显的。但我们最终将发现，这种同一是不可能实现的。宗

① *Werke*, xii, 187.

② 见莱辛的《人类教育》(*Education of the Human Race*)。

教意识本身是首个对如下这点进行反抗的东西，即把世界历程表现为爱与自身的一种游戏，在这种区别游戏中不存在任何差别。如果确实如此，异化意识、罪的意识以及和解的需要——黑格尔认为这是宗教经验的最基本特征——将会成为怎样？这指出了一种实在的差别，而这种差别并未包括在上面所引用的那些话中。因此，当黑格尔在第二部分讨论圣子王国时，他不得不承认，尽管圣子王国与在先的东西很不相符，但圣子和世界并不**完全**相同。为了从一方转到另一方，理想性的（ideal）差别必须成为实在的差别。“圣子获得作为他者本身的规定，即他是一个自由者，是自为的，他显现为一个外在于上帝、无上帝的现实者，显现为一个这样的存在者。”①接着我们看到一系列表达，它们与我们之前在《逻辑学》结尾所看到的那些表达几乎一样， 167
说明实在的存在如何产生。这里不必重复这些话。② 黑格尔接着说，如果我们将世界与圣子进行比较，“有限的世界是差别的方面，与保持在其统一中的方面相对立；它是外在于真理的有限世界，在那里，他者获得形式，即，去存在”③。但如何解释这种对他者的强调？这种相对的自由和独立——它们使世界不仅仅是对一种理论意识的单纯反映——从何而来？这正是实在世界的问题，也正是黑格体系中困境的**关键所在**。然而，在这个关键点上，除了《逻辑学》中的只言片语以及引用自伯墨（Jacob Boehme）的一段话外，黑格尔没有给我们提供其他任何东西。“雅各布·伯墨把这种在圣子环节处向差别的过渡表述为：最初

① *Werke*, xii. 206.

② 参见前文第 105—106 页。

③ *Werke*, xii. 208.

的独生者路西法(Lucifer)，曾是光载体、光亮者、明亮者，却把自己设想进自身中，这就是说，自为地设定了自己，继续前进至存在，且因此而减少了。”①他不只是一位偶然的角色，因为黑
168 格尔在《自然哲学》讲座中重复提到他。② 但在提到他时，我们可以肯定地说，如果柏拉图的神话表明了科学解释的崩溃，那么在黑格尔所借用的这个神话中则存在着一种更加彻底的崩溃。③

当然，路西法的背叛和堕落是一种神话式的解释，它解释不了任何东西；但这个角色无论如何都体现了如下确认，即世界进程与在上面被描述为构成了神圣生命的永恒进程并不是相同的。后者是一种永恒的或非时间性的进程，在这种进程中，我们完全不是从一个时间点到另一个时间点的活动，而是分析一种概念的不同环节。前者，即世界进程，则是一种处于时间中的实在进程，在这种进程中，一个阶段努力为另一个阶段做
169 准备，并被它所替代。简言之，我刚才的主张可概括如下：这里所构建的上帝的自我意识不过是对自我意识概念本身的建构；我们提不出任何证据证明有这样一种与该概念相符的存在。然而，如果我们假定有这样一种存在，那么它并没有提供任何过渡的点，通过这个点我们能从这种存在过渡到我们所知的实在

① *Werke*, xii. 207.

② Ibid., vii. 1, 31.

③ 值得注意的是，当谢林处于其哲学生涯的转折点时，这个角色与他对有限世界的解释是多么接近——作为一种原初的背叛或反抗上帝的行为的结果。在他首次使用这一思想的论文《哲学与宗教》(1804 年)中，谢林把世界进程视为一个过程，在自我的独立主张中达到这种背叛和分离的顶点。因此，世界进程被明确置于神圣的自我意识的内在圆圈之外，置于作为主观精神的上帝的生活之外。

世界。我们只能以一种老式的比喻方式来描述这种存在与实在
世界的关联，而这正是黑格尔哲学所夸耀的，它最终从纯粹理
性方面来阐述这一点。其实，严格来说，如果我们像黑格尔在
《宗教哲学》中的做法那样从这个概念**出发**，那么这个概念本身
完全没有暗示有限世界的存在；除非通过跳跃的方式（per sal-
tum），否则我们不能摆脱完美自我的迷幻圆圈。我们突然回到
了我们的经验知识上，从此颠覆了我们的整个程序，把我们的
立场放在差别和不完善的事实之上，并把上帝的概念理解为人
类努力的理想。那么，黑格尔要么没有给我们提供普通意义上
的上帝存在的证明，即上帝的存在是一种自我意识的存在，是
一种主观精神；要么，如果按照体系的一贯性，我们将自我意
识概念的构建理解为这样一种证据，那么这种构建是无所不包 170
的，并完全排除了有限世界的时间进程。

但有限世界的时间进程毕竟是我们所非常熟悉的事实；说句公道话，黑格尔真正的力量就在于此。黑格尔像一位巨人一样抓住实际的经验问题不放，他决定将这一问题从一种纯经验的混乱还原为某种在其中可以追踪到理性作用的东西。事实上，可以说，正是黑格尔关于历史的解释使他的体系获得了成功，并使它出乎意料地控制了整整一代人。我们正是必须在这里——而非在单纯的新柏拉图主义式的抽象概念游戏中——寻求黑格尔实际的成就。历史在黑格尔那里重获生机，过去不再与现在无关，而是在一种伟大的发展过程中与现在密切相关。对于现在来说，指出下面这点就足够了，即这种过程被理解为

最广泛意义上的自我意识生命的实现，这种生命在社会和国家等外部环境中得到实现，而且通过宗教和哲学获得一种主观的
171 满足，这种满足来自对整个过程的合理性和自足的完整性的洞察。从事情本身来看，这样一种完美的证明对于人的能力来说或许是一项过于巨大的任务。毫无疑问，黑格尔的解释和排序有时也可能是任意的。对于一个思想非常活跃的人来说，按照一种既定的结论来构建历史，而非忠实地解读难解的事实，这种倾向有时会过于强烈。但当黑格尔处于其最佳状态时，他超越了这样一种无端指责；他关于过去历史的深邃知识与同情式洞察相匹配，这使他能直达问题核心，揭示其内在意义。历史方面对于黑格尔是如此重要，以至于可以说，历史在他那里被提升为一种哲学。如果我们至此为止所考察的黑格尔思想的一面表明他完全脱离了实在，那么我们在这里看到了相反的倾向——至少它一开始是这样的，即将哲学融入历史中去，并将实际的历史过程的结果理解为哲学真理。通过这种方式，绝对哲学变成一种绝对的经验论。现实的就是合理的，实在的就是
172 理想性的；而且绝对以最明确的方式在人类中占据了它的位置。但正如我所想表明的那样，这种将人类历史与神圣生命等同起来的做法出于同一种企图，即把时间上的实在过程与绝对自我意识的所谓永恒过程合在一起。我们刚刚看到，这种尝试从另一个方面被看作失败的。现在我们必须从人类历史和有限的实在方面来检验它的成功。

在这里，首先要注意的是，从我们接触自然——可感知的时间和空间要素——的那一时刻起，我们就不再处于逻辑基础

上了。我们处于事实领域，而且处理的是具体实在中无限变化的殊相。因此，我们所面对的不再是一种逻辑的或非时间性的进化，而是一种处于时间上的实际发展过程。鉴于我们已经注意到“发展”这个术语的双重意义，我们应当尽力把这点说清楚；因为把历史转变为形而上学似乎取决于这两种意义的微妙混淆。在第一种意义上，正如我们所看到的，发展仅仅意味着逻辑内涵。这种意义在《逻辑学》和上面所讨论的三位一体建构中：自 173
我在逻辑上包含了非我。第二种意义是一种普通意义，在这种意义上时间因素的出现是根本性的。在以这种方式所理解的发展中，诸阶段是连续的，每个阶段为下一阶段做准备，接着被后者所取代。现在在我看来，正如黑格尔试图在逻辑内包含从逻辑到非逻辑之物的转变一样，他也试图——虽然篇幅不长——将“发展”这个术语的第一种意义或逻辑意义上的联想带入实在的发展。这就造成了一种印象，即我们可以把时间看作一种非本质的因素，当我们把握了进化的必然性之后，时间实际上就消失了。由此就为如下同一性做好了准备，即把在时间上出现的一长串事件与一种单一、完美且不在时间中存在的形式等同起来。但即使我们允许黑格尔说，在自然哲学和精神哲学中，我们得到的不是一种实际的历史，而是一种哲学化的历史，也就是说，是对进化中的本质性或必然性环节的陈述，它们摆脱了其时间上的痕迹细节，但我们仍要坚持认为，在最初的、现实的过程中，实际存在物是在时间上从一个阶段过渡到另一个阶段。事实上，我们可以进一步说，**如果我们抛弃了时间，那我们就完全跳脱了实在**。我们也不必认为，黑格尔本人对进程 174

的时间特性缺乏充分的承认。黑格尔说:“历史在一般上说来,
175 便是精神在时间里的发展。”[①]而且不必提到黑格尔关于世界精神所承受的劳动和苦痛(正如有人所说,缓慢的分娩的阵痛)时所说的令人印象深刻且常被引用的话,“世界历史的大量劳作”,“茫茫大地上千秋万岁一切牺牲的祭坛”。[②] 如果我们否认时间上的实在发展,那么整个历史哲学将变成什么?或者说,在这种情况下,我们该在哪里为黑格尔曾如此全面讨论过的哲学史以及艺术和宗教的历史发展找到一席之地?所有这些学科都必然假定,我们所处理的并非一种逻辑进程,而是一种时间上的实在发展。而且一切实在发展都意味着,尽管较不完美之物注定要让位于更完美的东西,但是较不完美之物也像它所导致的更完美的东西一样存在于其自己的时间和空间中。[③]

---

① *Philosophy of History*, 75 (Sibree's translation)。在黑格尔那里,我们会发现,这样的承认指的是与自然相对立的历史——这是很容易理解的。在这段话中,他把历史作为精神在时间中的发展与自然作为“理念在空间中的发展”相对立。空间具有个体化及其所产生的多样性,因此空间,而非时间,似乎是自然的显著特征。此外,尽管自然毫无疑问处于永恒的变化过程中,并因此受到时间的支配,但自然中的变化自身似乎并不带有进步或实际发展的概念。事物体系自身似乎被分解为一些物理常数,它们构成了所有自然变化的永恒基础;因此变化倾向于采取循环的形式,在这种循环中,我们最后会回到最初的起点。这至少是黑格尔的看法。他说:“在自然界里真是‘太阳下面没有新的东西’,而它的种种现象的五光十色也不过徒然使人感觉无聊(ennui)。只有在‘精神’领域里的那些变化之中,才有新的东西发生。”(*Phil. of History*, 65.)黑格尔在其他地方说:“精神世界与自然世界之间仍然存在着这样的差别,即后者仅不断地回归到自身,而前者无疑地又向前进展(Fortschreiten)。”(*Encyclopaedia*, Wallace, 323.)这种差别体现在当前自然科学和历史科学之间的对立中,然而它并不影响自然变化作为时间中的事件的特征。

② 见《精神现象学》和《历史哲学》两书的序言。

③ 当然,按照黑格尔的术语,除了最高的形式之外,其他任何形式都必定是“不真的”(untrue),——也就是说,对它的概念来说是不充分的。但尽管如此,它依然是现实的,且应被视为现实的。它要么与更完美的形式共存,就像经常发生的那样,要么如果它已经消失了,它仍旧曾经存在过,并构成了取代它的当前存在的实际条件。这种延展,正如哈密顿所称的——这种在时间上对现实内容的延伸——使我们不可能在一种完美的形式中恢复所有的存在,正如黑格尔所倾向的那样,当时他以这种现象和其他现象是“不真的”为由而将其予以排除。

那么，如果接受了历史作为一种实在的发展的这些特征， 176
让我们很快看一下黑格尔的哲学结论。自然是一种走向精神的
进程：自然是向精神的生成，并只有在与它的目的或结果相关
时它才是可理解的，因此这同时是它固有的或内在的目标。精
神最初表现为感知的或单纯自然的意识——感知和欲望的核心，
但除此之外它很难与作为其根基的自然分开。历史——也就是
人类的历史、文明的历史——是对理性之潜能逐步展开的记录，
这些潜能隐藏在这种无足轻重且前途无望的开端中。[①]“精神的
世界的使命，以及……整个世界的最后的目的”，黑格尔宣称
是，“‘精神方面’对于它自己的自由的意识，而事实上，也就是
当作那种自由的现实”。[②] 从人们相互冲突的激情和利益中，建
立起——由这些激情和利益所建立，它们作为理性的无意识的 177
工具而发挥作用——那种稳定的法律和习俗体系，它们为个体
的无法无天和任性设置界限。这种由制度、法律和习俗所构成的
庞大结构被称为“客观精神”；在这种结构中，精神实际上被外
在化了，并在我们面前展现出可见的形态。这种庞大结构的完
美形式是以理性方式组建的国家。只有在这样设定的法令范围
内，精神的真正使命才能得到实现；也就是说，只有在这里，
精神才能达到对自身的完全意识。普遍历史探索诸国的兴衰，
即不同国家形式的兴衰，在这些形式中，自由理想已得到最大

① “历史已经形成了‘世界精神’的合理的必然的路线——这个‘世界精神’的本性永远是同一的，而且它在世界存在的各种现象中，显示了它这种单一和同一的本性。”“历史是‘精神’在继续作出它潜伏在自己本身‘精神’的表现。”(*Philosophy of History*, 11 and 18.)

② Ibid., 20.

限度地实现，最终将我们引向在现代德国宪制中达到的理念的
终极和看似完美的实现。接连不断的形式消失了，被历史进一
步的发展所评判和取代；但整个过程是“普遍精神的解释和实
现”①，或如《精神现象学》中的表达：“世界精神具有耐心来经
历漫长的时间里的这些形式，并有耐心来担当形成世界历史的
178 艰巨工作（在世界史的每个形式下世界精神都曾在该形式所能表
现的范围内将它整个的内容体现出来），又由于世界精神在达到
它的自我意识时也没能轻而易举……”②这种意识于**实践上**在国
家——黑格尔称之为存在于地球上的神圣理念——中实现。③ 黑
格尔说，在国家中，“真实的调和就成为客观的了，这种调和把
国家展示为理性的形象和现实性。在国家中自我意识在有机发
展中找到它的实体性的知识和意志的现实性”④。同样的调和通
过宗教在主观感受领域得到实现，并通过哲学在知识环节中得
到实现。在黑格尔哲学中，精神最终达到对自身本性的完全洞
察，即达到完全的自我意识。正是这种完美的自我知识为我们
提供了理解过去的钥匙，使我们能够在本来是相互矛盾着的观
点的无目的的连续中探索一种有秩序的进展。从圆满方面展开，
179 哲学史就表现为“思想自己发现自己的历史”⑤。“无疑地，精神
曾经费了很长的时间去发挥出哲学来……就世界精神进展之缓
慢而论，我们须知它有充分时间，用不着紧张忙迫。‘在神的面

① *Werke*, viii. 431 (*Philosophy of Law*).

② Ibid., ii. 24.

③ *Philosophy of History*, 41.

④ *Werke*, viii. 440.

⑤ “Die Geschichte von dem Sichselbstfinden des Gedankens.”—Ibid., xiii. 15.

前，千年如一日’。”①

在这些引文段落中，黑格尔用“世界精神”(World-spirit/Weltgeist)这个明显更方便的术语来代替，不需要掩盖这样一个事实，即他只知道发展的一个主体。这里所探索的实际发展是他在《精神现象学》中所称的“普遍个体”的发展或“普遍自我”的发展;② 在绝对哲学中达到完全自我意识的正是绝对本身。绝对是这种过程和它的顶点。值得注意的是，就在这种关于绝对的观点变得突出的时候，另一种认为绝对在静态的完美中永恒存在的观点就会退到背景中，并变得不真实。然而，这两种观点是一回事，这正是黑格尔哲学的主旨与核心。这种体系的绝对自称是存在的神圣方面与人的方面之间的一种调和，是无限方
面与有限方面之间的一种调和；为了实现这种统一，黑格尔必 180
然要把发展的主体与构成整个发展之前提的完美主体表现为同一个主体。因此，他转而向我们保证，这种在时间形式下出现的东西实际上存在于一种永恒的当前。比如，他在上面一段引文中补充道：“‘在神的面前，千年如一日。’它有充分时间，即因它在时间之外，即因它是永恒的。”

因此，统一性的外观是通过坚持哲学的或亚里士多德式的演进观而获得的，这意味着在开端处就存在着终点或目的了。黑格尔似乎说，理念是永恒的，它在它的每一种形式中都同等地占有自身——因此，在某种意义上，时间上的演进对它来说是无关紧要的。但事实上，这种对哲学上的发展概念的应用并

① *Werke*, xiii. 49.

② Ibid., ii. 22, 25.

没有对这一学说作出真正的解释。黑格尔的观点实际上确认了不同的阶段；潜在与显现对于可被称为发展着的主体来说并无实际的差别。然而，在实在世界中，这对发展着的主体来说确实构成了一种差别，而且如果没有这种实际的差别，那么发展
181 的概念将会完全消失。橡子与完全长成了的橡树在主体上是不同的；人这个主体作为儿童与这同一个主体作为完全成熟的哲学家是不同的。更重要的是，在某一时间点上只有一个阶段是实在的。① 这些转变过程中的主体并不作为完美的形式存在，因为它仍在奋力走向这种形式；当它还处于潜能（δύναμις）状态时，它并不作为现实（ἐνέργεια）而存在，而当它达到了现实，它就不再作为潜能而存在。橡子在它还是橡子时，它并不作为橡树而存在，而只有当它长成为橡树后它才作为橡树而存在；**然后**它就不再作为橡子而存在。如果我们将同样的观念运用到宇宙过程中，并将这种过程看作某个单一主体或普遍自我的演进，那么，如果这种过程是一种实在的过程，且符合发展的概念，我们就必须有一种自我，它从很少成长为更多，它至少在A 处与在 B 处有某种不同，而且与它在 Z 处的顶点状态时更加
182 不同。我们必须要么承认一种符合这种描述的成长着的绝对，要么认为绝对只存在于 Z 处的永恒完美中，而 A、B、C、D 以及其余都是非常类似主观幻象的结果。我们可以引用黑格尔的一些话，它们显然支持后一种观点。其中最明显的话或许在《哲学全

① 这就与下列说法非常一致，即“过往的东西都没有消失”。正如黑格尔所言：“精神看似已把这些阶段抛弃，它仍旧在其当前阶段的深处保存着它们。”但它们当前的存在与过去的存在不是同一种意义的存在；它们当前仅仅以记忆、意识或有机的形式存在着。

书》中，黑格尔在那里说：“这样看来，客观性好像只是一个外壳，这里面却隐藏着概念……无限目的的实现这一看法的好处只在于去掉一种错觉：人们总以为目的好像仍没有实现似的……我们总是生活在这种错觉中，但这错觉同时也是一种推进力量，而我们对这世界的兴趣即建筑在这种力量上面。理念在它发展的过程里，自己造成这种错觉，并建立一个对立者以反对之，但理念的行动却在于扬弃这种错觉。”①但这一段话并不能公平地代表黑格尔思想的主旨：这种从道德上瘫痪存在的看法毋宁表现了黑格尔从某位成长着的上帝这种对立的极端中摆
脱出来。因为正如他自己在批判费特希时所强烈主张的，将宇 183
宙的实在置于一种在任何地方都尚未实现的终点或目的上是荒诞的。恰恰基于同样的理由，下列主张是对内在发展概念的一种歪曲，即认为一种发展可以由一种原则所阐明，而这种原则在发展一开始就存在，正如人们所说的那样，只是潜在地存在着。如果圆满的自我意识事实上是整个过程的现实性，即运动着的力和起指引作用的力，那么它必须在整个过程中作为这种力量存在。但在这种情况下，这种圆满的自我意识就不能像黑格尔所认定的那样与经历发展的主体一致，而如果确实如此，那这种主体除了在到达过程终点外显然*不会*圆满存在。换言之，我们的主体不是一个，而是两个。让我们回到一个简单的例子——当然这只是一种类比——成熟的橡树产生了新鲜的橡子，但橡树-主体并不因此等同于橡子-主体，后者历经一个又一个阶段，并最终成为一棵橡树本身。与之类似，尽管我们能假定

① Wallace, 304.

一种神圣的主体，它通过某种对我们来说不能理解的方式是时间中的发展的开创者和发动者，这种发展对我们来说是直接实
184 在的，但这并不意味着神圣的主体与经历这种发展的主体一致——或者毋宁我们应该说，它不能等同于这种发展中不可计数的主体，因为并不存在一种历史主体，而且这样说世界精神最多是一种可以原谅的说法。

第6讲 185

黑格尔主义作为一种绝对体系

在前面的讲座中我尽力指出黑格尔的两条思路。一条思路从上帝的观念出发，黑格尔以新柏拉图主义的方式把上帝构建为一种达至统一的三位一体，但这不过是知识的观念，它被看作一种实在的存在。从这种被实体化的观念无法通向有限的世界事实。第二条思路则从这些事实出发，并把人类的历史发展看作绝对回到自身的过程。我认为，黑格尔并没有成功把这两种思路结合起来，而且将二者结合起来的尝试会违反真正的发展概念。在这些观点中，其中一种注定要被另一种所取代；而且第二种观点从其与实在的联系中而获得的力量应能使它战胜 186
第一种观点，这是非常自然的。这在黑格尔本人那里是可以看到的，而且在黑格尔学派历史中更是如此。尽管具有某种神秘的或柏拉图式的特征，但从来没有一个人比黑格尔更执着于铁一般的事实；他本能地厌恶在现存世界的范围之外的某种理想中寻求神圣者。他称，必须在这里发现上帝，否则它就根本不存在。于是黑格尔越来越强地坚持如下事实：神圣的存在的启示和实在包含在历史中。在这方面，他无疑主张了很多真的东西；但当这一立场被他的一些最优秀的追随者改造，即绝对与人被公开等同起来时，我们就面临着黑格尔主义论证的一个后果，而这一后果还没有引起人们的注意。

也就是说，如果我们把绝对与发展的主体相等同，那么我们就不能超越人的实际成就，并因此不可避免地会把人置于上帝的位置。上帝或绝对在这个体系中被描述为发展的最后环节，
187 我们可对其进行完全的观察；其实，我们自己作为绝对的哲学家同样是发展的最后环节。因此，我们不可能在绝对的哲学家与上帝之间作出区分。哲学家的知识就是上帝对他自己的知识；而且在对特殊性和偶然性有所保留的情况下，这种知识显然被认为是完全充分的。关于上帝对自己的进一步认识，黑格尔没有作出任何规定，似乎也没有留下任何空间。法哲学、历史哲学、美学、宗教哲学和哲学史本身，全都以同样的风格结束。绝对在每一个领域都得到了实现，它仅仅是人类沿着这些不同的路线所作的记录和最终的成就。黑格尔说："上帝不是彼岸星辰界的精神。"上帝"是所有精神中的精神"①——这是一种表达得很好的真思想。但如果除了在个别哲学家的自我意识中得到实现的存在之外，这套体系没在宇宙中给我们留下任何其他自我意识的存在，那么上述说法就意味着，上帝——在我们平常所理解的这个词的意义上来说——被完全从我们的哲学中排除掉了。这样一转变，这种说法就不再是好的了，也不再是真的。
188 同样的趋势在整个《宗教哲学》中也可以看到，在那里我们自然最不希望遇到这种情况。上帝的独立存在——如果我可以这样说的话——似乎消失了；上帝是被生出来的，他仅仅在礼拜团契的意识中才有现实性。很明显，这是放弃诸如神圣存在者中

① *Werke*, xi. 24.

的独立位格或自我意识等想法。黑格尔自己是否明确摒弃了这些想法，似乎不可能说得很肯定。从那时至今，很多学生拒绝从黑格尔的著作中得到这种结论，他们在其著作中找到大量似乎支持他们观点的段落，我对此并不否认。但对我来说，这些话大都存在一个疑点。在我看来，黑格尔的想法总体上倾向于相反的方向；他的思想经常采用宗教或神学形式，我不能认为这种形式只是对一些立场——这些立场本身与有关的教义(dogmas)没有任何关系——的隐喻性表达。在《宗教哲学》中有一段值得注意的话，黑格尔在那里坦率地将他自己对基督教教义的处理与新柏拉图主义者的做法进行对照，即在流行的神话中注入哲学意义，而之前的唯理论思想家们已经把这些神话完全抛 189
弃了。① 但不论黑格尔在这个问题上的个人立场是什么，他的最大胆而且可能也是其最优秀的追随者——一般被称为黑格尔主义左派——所持有的否定观点，似乎是为这套体系从一致性上所能提供的唯一一种观点。因为正如水不能高于其源头一样，发展也不能比哲学家本人走得更远。只要我们声称存在一种黑格尔主义意义上的绝对哲学，那么我们就必须将我们自己的思想与神圣者等同起来，并将绝对看作人类在其不同领域中的成就的一种单纯表达。

黑格尔主义左派坦率地承认了这一后果。他们宣称，绝对只能在人类个体中实现自身。在个体的背后或一旁，只存在着逻辑上的理念，在这种理念中我们被迫要求承认，宇宙是终极

① *Werke*, xi. 95.

190 独立不依的实在。[①] 据此，绝对不是一个完全且永恒存在着的自我意识，而是一套非位格的思想体系。这是现象中唯一永恒的东西；现象世界从它那里产生，并返回到它那里去。在人这里，这种非位格的绝对——这套永恒的抽象思想体系——开始意识到自身。可以说，人是非位格的思想生命暂时集中在其中的焦点，以便对它自己的内容进行评估。这些焦点的出现只是为了在这一实现的永恒过程中消失。

在这里被归于抽象思想或范畴的独立存在，使这种结果成为有史以来最了不起的理论之一。这些范畴不仅独自存在，而且他们还创造性地产生了由人和物所组成的现象世界。与这种神化的逻辑相比，唯物论本身似乎是平稳合理的。但这些黑格尔主义左派——如费尔巴哈、卢格、施特劳斯、布鲁诺·鲍威尔以及其他人——仅仅在字面上接受黑格尔自己关于逻辑学的论述，并取消了那种最高的精神，对于他们来说，只要绝对被等同于［发展］过程的主体，在这套体系中实际上就没有［最高精神的］
191 位置。其实我们可以更进一步说，这就是那种试图从逻辑理念出发构建实在的理论的自然结果。作为实在存在的上帝和人都会消失在他们的源头，留给我们的是作为唯一实在的逻辑理念本身，除此之外我们还能期待什么结果？在很多关于上帝的说法中都清楚表明了这一点。当然，人作为一种现象存在是很显然的，不能被简单否认；但他也被剥夺了一切真实的人格，只

① 值得注意的是，黑格尔自己曾说逻辑理念是“真理王国，正如真理本身是毫无蔽障，自在自为的那样”，是“上帝的展示，展示出永恒本质中的上帝在创造自然和一个有限的精神之前是怎样的”。——*Werke*, iii. 36.

是作为一套知识体系中消失着的中心出现，是一般意识形式的例证。理念是最重要的。诚如斯特林博士所言，如此理解的理念是“一个既盲又哑且不可见的偶像”，而这套理论则是“有史以来提供给人类的最无望的理论”。[①] 最绝对的观念论和唯理论自身在历史上如何转变为其正相反的对立面，即转变为最彻底的唯物论和感觉主义，注意到这一点是有益的。我们可以在费尔巴哈、施特劳斯和其他人那里追溯这个过程。因为，如果理念只在人那里实现自身，那么人作为这种感性的个体就将是无论如何与我们有关的唯一实在。被赋予逻辑体系的形而上学优先性在绝对的感官现实面前显得苍白无力。费尔巴哈在制定《未来哲 192
学》路线时说：“新哲学的主题并不是‘自我’，并不是绝对的亦即抽象的精神，简言之，并不是抽象的理性，而是实在的和完整的人的实体。实在，理性的主体只是人。是人在思想，并不是我在思想，并不是理性在思想。因此新哲学……是以整个人的神圣性亦即真理性为基础的……如果旧哲学说：只有理性的东西才是真实的和实在的东西，那么新哲学则说：只有人性的东西才是真实的实在的东西；因为只有人性的东西才是有理性的东西；人乃是理性的尺度。”[②]对于这种哲学来说，位格的上帝不过是人以他自己的形象投射到他的幻想物上。不朽同样是一种错觉；属于个体的只有目前感知到的东西。因为观念论并不承认通俗哲学关于身体和灵魂的区分，因此人的实在实际上就等同于他的身体性存在，而且我们转变到一种一贯的感觉主

① Schwegler, 474 and 435.

② *Philosophie der Zukunft*, § 51, quoted by Harms.

193 义以及一种本质上唯物的宇宙观。① 施特劳斯比较慢地实现了向唯物论或某种无法与唯物论相区分的东西的类似转变。施特劳斯是作为黑格尔的最有能力且头脑最清醒的追随者之一开始其生涯的。他的最后一本书《旧信仰与新信仰》(*The Old Faith and the New*)——一本非常有趣的个人记录——实际上是一种唯物论声明。但其实，如果根据观念论，人类的存在是一套无意识的逻辑概念体系的结果，而根据唯物论，人类的存在则是无意识的物质的结果，那么观念论和唯物论之间的差别是什么呢？在唯物论中，人是机械规律的偶然结果；在观念论中，这个过程被认为受一种逻辑必然性控制。但在这两种理论中，演进对于我们来说——且它只对我们来说才存在——在真正意义上都是无目标的。它是一种不断重复的景象，但它抛弃并践踏那些自觉的目的，而只有这些目的才被认为是值得实现的。如果我们把人格和属于人格的理想从观念论中剔除，它
194 就不再是历史意义上的观念论了。如此称呼它为观念论不过是混淆视听，因为它已经与敌人联手，在战场的另一边作战了。

然而，非常简单地思考一下就足以让我们摆脱这些结果。我们只需记住，在没有思维者的情况下谈论思维的自我存在，就是在使用没有意义的词语；而且这种黑格尔主义左派的整个结构就会崩溃。然而，正如前面所认为的那样，只要我们把绝

① 实际上，一种带有黑格尔主义印记的逻辑观念论在某些方面非常接近唯物论。无疑可以说，诸范畴构成了物质宇宙的固有实在；因此，当人从自然中产生出来，就好像思维产生自身。但人从自然的公开产生保持着它自己的地位，而诸范畴的非实体性基础则完全落到相关条件上。

对等同于我们关于绝对的知识，并把人类的发展过程看作事实
上是上帝的演进，黑格尔主义左派就其自身方面来看就有体系
的一致性。黑格尔规定，发展过程就一个，主体就一个，这是
错误的最初来源。因此，这种认定是我们必须首先要否定的。
我们能探究的发展不是上帝的发展，而是人类关于上帝所提出
的思想的发展——因此这种发展不会影响它们的对象的存在。
比如，在哲学史中，谁会相信我们拥有上帝经此达到对自己的
认识——完整的知识是在本世纪初达到——的那些连续阶段？
我们实际上拥有的是人们反复努力解决宇宙难题的历史——即 195
使从这种观点看，我们也不无理由地期望这种历史能显示出进
步和日益增长的洞察力的标记；尽管即使到了最后——如果我
们对自己诚实的话——这种洞察力是如此暗淡，以至于被赋予
它的绝对知识的称号听起来就像梅菲斯特式的嘲弄。如果可能
的话，这一点在宗教那里甚至更加明显。如果宗教不是人类主
观精神的一种态度，那它是什么？我们在这里完全站在人类立
场上。而且艺术也是如此，历史本身——文明史、国家和帝国
史——也是如此。把宇宙的精神窄化为这个星球上的一系列事
件，这难道不是傲慢吗？正如洛采(Lotze)所说，我们能否相信：
“宇宙的创造因从它自身的隐蔽性中走出来，只沿着尘世自然的
这条狭窄的道路显现，并且在产生了人和人类生活之后——好
像在它的所有目的都已完成了之后——又在它的内在无限性中
失去了自己？为了取代这种辩证的田园诗，我们必须把这种无
限的前景放在其他世界上，不是为了徒劳地去认识不可知的东
西，而是为了通过这种背景的巨大性，给我们可认识的存在以 196

它应得的有限地位。”①他在《形而上学》中补充说，奇怪的是，这些观念论者尽管完全知道哥白尼的发现且生活在它们的影响下，但他们“仍能够说服自己承认，他们的绝对的精神发展局限在地中海沿岸”②。当然，对这样一些结果的明确阐述足以使他们受到质疑。只有在某种模棱两可的说法的掩护下，他们才能被相信。

或许正是在伦理学和政治学——它们在本质上是关于理想亦即应当(the ought-to-be)的科学中，黑格尔的态度的恶劣影响体现得最为明显。在这样说时，我完全知道，黑格尔正是在这些领域完成了一些最好的作品。但是，在承认他在这些主题上的作品的充实性和优点的同时，我们也不可能对他在这里以及其他地方所作的结论式假设视而不见。在这种更具体的领域中，这些假设自然会显得与相关事实严重不符。在黑格尔那里，很
197 少有比他对费希特的“应当”——试图完全通过义务概念来解释宇宙，宇宙不是某种实际所是的东西，而是某种要[应当]成为的东西——所作的抨击更经常被重复的了。在抨击这种观念时，黑格尔反复告诉我们：“理念并不会软弱无力到永远只是应当如此，而不是真实如此的程度。”③而且黑格尔喜欢援引宗教意识来证明他的立场。他说，“宗教的意识便认为这世界受神意的主宰，因此它的是如此与它的应如此是相符合的”；或者用更专业的语言来说，意志必须返回到理智或认识的观点，后者“复确认

① Lotze, *Microcosmus* I. 458 (English translation).
② *Metaphysic*, 379 (Clarendon Press).
③ Wallace, 9.

这世界为现实的概念”。[①] 他在《历史哲学》中说：“这种主观的非难是很容易的事情……要在各个人、各个国家和‘神意’内寻出一个缺点或者错处是容易的，相反地，要认识它们的真正的内容和价值却不容易……一般地说，老年人较为宽容，少年人终是处处不满足……哲学要我们养成这种识见……就是知道所谓‘现实世界须如它应该的那样’。”[②]

现在我们不难承认，当我们试图在我们的观点内以思辨的
方式来理解所有的存在时，我们不可能停留在费希特的立场上。 198
我在前面的讲座中已经强调过这一点了，而且费希特自己最终也予以承认，他在后期著作中强调与生成过程有所不同的上帝之现实性。因此，费希特后期的这种立场与黑格尔诉诸的宗教观点都确认了理想的实在性；但他们这样做的意义，与黑格尔所主张的意义，似乎都存在着不小的差异。黑格尔在这里对“宗教精神”的援引也许是不合理的。诚然，宗教人士认为世界受神意所主宰，但这种观点肯定会被解释为一种信仰或信念——人们或许不会说，在面对他无法解决的不寻常情况和困难时，他常常怀着一种绝望的态度坚持这种信仰。这种信仰是他对抗彻底的道德怀疑论的最后避难所；但他并未声称看到了神圣统治的方案。他更不会宣称现实世界是像黑格尔亲口所说的那样完美。相反，我们发现，宗教人士几乎总是用最黑暗的颜色来描绘事物的现状；而且如果他的宗教[信仰]是真的，那这就是他
作为一位实践改革家的活力源头。黑格尔的立场在根本上与此 199

① Wallace, 322, 323.
② 英译本, 38.

不同。他的整个理论使他断言，就像在知识中一样，圆圈在这里也闭合了，终局已至；理想的东西就是实在的东西，而且我们看到事实就是如此。

这种立场在1820年出版的《法哲学》中得到了最为清晰地表达。但是，它所一贯涉及的对单纯事实的接受——不，是崇拜——对所有伦理理想的破坏如此巨大，几近野蛮的现实主义氛围对更多的进步如此致命，以至于当黑格尔在《法哲学》这部作品的序言中不经意地作出关于这种立场的绝对论断时，这些话招致了暴风雨般的谴责。那句名言就出现在这里："凡是有理性的(rational)，都是现实的；凡是现实的，都是有理性的。"接下来的其他几段话同样让人震撼："这本书……就是把国家作为一种自身有理性的东西来把握和阐述的尝试，除此之外，它什么也不是。作为哲学著作，它必须绝对避免依照它应该如何存在来建构一个国家的做法。本书所能传授的，不可能达到教导国家它应该如何存在，相反而旨在教导，国家，这个伦理世界，应该如何被认识……哲学的任务是要把握这个现在所是的东西，
200 因为这个所是，就是理性。"[①]因此，在他对人的创造的重构或记录方面，黑格尔呼应了上帝的判断：上帝看着他所创造的一切，看，这一切多么好。这种类似是惊人的，并是由其哲学的整个主旨所决定的。但是，他在1820年给予普鲁士国家的这种赞誉似乎注入了过强的时代宽容，他把这作为真正哲学的洞见来赞扬。我们几乎不难理解，黑格尔的论敌将这些话归结为他的乐观保守主义——世界已经慷慨地对待了他，他看到自己的生命

① *Werke*, viii. 18.

目标已获实现——而非其他更崇高的来源。黑格尔被打成反动派，被打成普鲁士国家的“官方”哲学家，他的任务是通过给现实披上理性必然性的外衣来恢复现实。在这一点上，他的论敌无疑是不公正的。黑格尔的有关言论不是虚伪的机会主义；它们是黑格尔思想的某一整体方面的真正结果。当他写《法哲学》时，这一方面是最重要的，而且这些言论好像是他几乎不自觉地以这种强烈和绝对的形式说出来的。

然而，这篇序言所引起的喧嚣使黑格尔意识到自己的轻率， 201
并承认不能按其完全字面的意思来理解他的言论。在《哲学全书》[①]导论中，他在一段话中明确答复批评他的人，这段话读起来非常像一份取消声明。他一开始隐藏在已经提到的宗教教义背后，然后接着说：“就定在一般说来，一部分是现象，仅有一部分是现实。在日常生活中，任何幻想、错误、罪恶以及一切坏东西、一切腐败幻灭的存在，尽管人们都随便把它们叫作现实。但是，甚至在平常的感觉里，也会觉得一个偶然的存在不配享受现实的美名。因为所谓偶然的存在，只是一个没有什么价值的、可能的存在，亦即可有可无的东西。但是当我提到‘现实’时，我希望读者能够注意我用这个名词的意义，因为我曾经在一部系统的《逻辑学》里，详细讨论过现实的性质，我不仅把现实与偶然的事物加以区别，而且进而对于‘现实’与‘定在’，
‘实存’以及其他范畴，也加以准确的区别。”他接着说：“理 202
智……以命令式的‘应当’自夸，并且尤其喜欢在政治领域中去规定‘应当’……因为谁没有一些聪明去发现在他们周围的事物

① 《哲学全书》第2版出版于1827年，第3版出版于1830年。

中，有许多东西事实上没有达到应该如此的地步呢？但是，如果把能够指出周围琐屑事物的不满处与应当处的这一点聪明，便当成在讨论哲学这门科学上的问题，那就错了。哲学所研究的对象是理念……所以哲学研究的对象就是现实性，而前面所说的那些事物、社会状况、典章制度等等，只不过是现实性的浅显外在的方面而已。"①

因此，《法哲学》序言中的话并不意味着"无论什么存在的东西都是正当的"。并非普通字面意义上的现实，而只能是真正的现实——理性证明为真的东西——才是有理性的。理念实现自身，但外部结构仍不能被理解为理念的完全或甚至是一贯的实现。简言之，现实的东西，只有当它是有理性的，它才是有理性的；其余的则不予考虑。我们拒斥那种不是理性的"现实"术语。当然这就把上述立场变成了一种空洞的同义反复。

203 然而，"现实的东西"与"真正现实的东西"之间的这种模棱两可不仅仅是黑格尔为了把自己从一种不安的立场中解脱出来而做的孤立遁词。这并不是一种自觉的不诚实；因为我们很难把那种铁石心肠般的乐观主义和特别粗暴的经验主义——这些是从字面上理解黑格尔的言论所意味的东西——归咎于他。他可能是想说，他后来所解释的在根本上就是他原来的意思，即**总体而言**，理性的目的在人类的社会和法律结构中是可见的。哲学的对象范围广袤，它能忽略例外情况、错误的增长、确定是邪恶的东西。就其本身而言，这也许是一种可以理解的、合理的立场，但它是否适用于一种绝对哲学？偶然和现实本身的老难

① *Werke*, vi. 10, 11; Wallace, 8, 9.

题再次向我们袭来，而黑格尔再次试图轻蔑地不予理会。让人
为难的事实不是“真正现实的”，或者更加简明地说，它们不是
“真的”。黑格尔对这个不断重复出现的术语的使用，不过是关
于上述难题的一条索引而已。在《逻辑学》中，每个更高的范畴
被看作较低范畴的“真理”，而绝对理念则是圆满的真理，先前
的一切思维形式都是它的不充分表达。这样用在诸范畴或抽象
定义上，真理这个术语已经很到位了，它也可以用比如“充分的 204
表达”这样的短语来表示。但“真理”这个术语从黑格尔那里得到
了更广泛的扩展，它既适用于存在，也适用于概念。在这里，
歧义出现了，因为一种存在可以被恰当地说成具有“现实性”，
而真理则是一个只可恰当适用于诸概念的术语，并表明这些概
念与现实的一致。然而，我们具备如下有利条件，即黑格尔明
确说明了这个术语在这种新的联系中被赋予的意义。他区分了
他自己用法中的“真理”与单纯的正确性或他所称的“形式上的真
理”。“按照较深的意义来说，真理就在于客观性和概念的同一。
譬如，当我们说到一个真的国家或一件真的艺术品，都是指这
种较深意义的真理而言。这些对象是真的，如果它们是它们所
应是的那样，即它们的实在性符合于它们的概念。照这样看来，
所谓不真的东西也就是在另外情况下叫作坏的东西。坏人就是
不真的人，就是其行为与他的概念或他的使命不相符合的人。”①
黑格尔在另一处有雅量地说：“在哲学讨论里‘不真’一词，并不
是指不真的事物不存在。一个坏的政府，一个有病的身体，也 205
许老是在那里存在着。但这些东西却是不真的，因为它们的概

① Wallace, 306.

念和它们的实在彼此不相符合。”①然而，他似乎说，这样的存在不算数；我们可以把它们完全排除在我们的计算之外，但愿我们能相信这种轻松的说法！这些事实在一种绝对体系中没有地位——它们“不应当”存在于那里——这是足够清楚的。这些事实是对其主张的持续反驳。但它们并不能以这种方式被否定。

黑格尔在这里所试图作出的区分标志着贯穿其体系的另一条思路的再现。这种曾被恰当地命名为柏拉图化的倾向②在《逻辑学》中占主导地位，并或多或少地出现在其他作品中，但在《法哲学》中则明显没有。正如我们所看到的，在它的影响下，黑格尔像柏拉图一样不在现实世界中寻找实在，而是在一种绝对的且自我保证的思想之永恒领域中寻找实在。实在世界是由永恒的诸形式组成的世界，而非由现存事物和人所组成的世界。
206 对于这后一种世界，黑格尔（在遵循这一思路时）像柏拉图一样只赋予它一种准实在性。正如我们所看到的，他甚至将有限发展的整个过程说成一种幻想，“只是一个外壳，这里面却隐藏着概念”。但另一方面，对于一种绝对体系来说，现实的东西与理想的东西之间的一致正是其不可缺少的东西。“凡是现实的，都是有理性的”，这是对前半句——“凡是有理性的，都是现实的”——的必要补充。因此，黑格尔明显地从他的柏拉图化倾向返回到经验主义或现实主义（Actualism）这种相反的极端。他的哲学只能证明它自己是它的柏拉图主义与它的经验主义的结合，

---

① Wallace，211.

② 这是海姆在其著作《黑格尔与他的时代》（*Hegel und seine Zeit*）中所提出的，这本书因其修辞风格和半通俗的松散处理而大受损害，但它经常含有暗示性的批评。

或者是一方在另一方中的展现。如果与事实世界相分离，柏拉图主义或观念论都是虚无缥缈的。有理性的东西的现实性最终是其合理性的证据；因为除非有理性的东西宣称自己存在，否则体系之圆圈就无法闭合。事实上，只要现实的东西与有理性的东西不一致，体系本身就会轰然倒塌，而且它关于有理性的东西之性质的说法就具有未经证明的论断性。因此，尽管《法哲学》和《历史哲学》中的说法很笼统，但在我看来，它们代表了一 207
种绝对哲学必然要采取的态度，只要它是由对自身的坚定信念所驱动的。严格地说，在黑格尔这样的体系中，我们不可能有批评现实的立足点。然而，这种态度仍然是经不起检验的。只需像黑格尔在这里一样，公开宣称这种态度，我们马上就可以看到它是站不住脚的。黑格尔所诉诸的解释或道歉，不过是以一种糟糕的姿态承认，以前所使用的勇敢的话语经不起推敲。现实的东西与理想的东西并不重合或相互贯通，因此，体系的这两方面并没有被真正结合起来。黑格尔说，自然或存在是偶然性的发源地，因此它没能成为真理，也就是说，它没能使概念具体化。柏拉图说，在世界的起源中，必然性与理性混杂在一起，而理性不能使必然性完全屈服于它。黑格尔和柏拉图这两位思想家所使用的这些词语的形式几乎是一样的，他们在其中记录了他们在试图掩盖它时的失败。

如果回到《法哲学》，我们就会发现，尽管黑格尔后来试图捍卫他的意思，但他在“序言”中对它的描述基本上是正确的。它是对实际所是——现存制度和习俗以及现存国家——的一份 208
记录。整本书中没有任何诸如我们在康德和费希特那里所能看到的道德进步热情。事实上，诸行动的内在方面——它构成了这些行动整体的**道德**意义——被匆匆带过，以考虑那些保持个体权利的社会仪式纽带，可以说，他并没考虑个体权利。[1] 精神的本着良心做事或自省等习惯被刻意贬低了，没有比人所处的社会更高的标准了。像其他人那样做；履行你所处阶层的职责；做一位好父亲和好公民，并摆脱狂热的情绪。《法哲学》这本书从头到尾都是这样的脾性。可以说，它是道德的外化。因为，义务的内在事实在那里被一种自动适应一种关于遵守和尊重的外在机制所取代。毫无疑问，在这一切中存在着大量的常识；
209 而且最让黑格尔高兴的莫过于羞辱某些肤浅的情感。但它是对现存标准的证明，这也是事实。这是岁月带给世俗之人满足于接受事情现状的情绪，这种情绪与道德努力的气氛相去甚远。在它里面没有向前的冲动，没有向上的冲动。这种情绪对道德进步来说是致命的，最终对道德本身来说也是致命的。格林毫不迟疑地指出，本着良心做事的习惯——道德自省的习惯——正是道德的主要动力，甚至对防止道德实践的败坏也是至关重要的，对于现有标准的提升来说更是如此。他说："如果过去在它那里所默认的脾性是普遍的——如果没人超越这种默认——那么尊重的标准就永远不可能达到。这种标准是通过一些人的行动达到的，这些人在各自所处的时代和次序中拒绝接受他们发现的与那些默认有关的生活方式。"[2]因此，当他谈到伦理学时，格林不得不放弃黑格尔的绝对主义（Absolutism），并坚持

① 几乎毋需赘言，虽然这本书的题目是"法哲学"（Philosophie des Rechts），但它完全是一本关于黑格尔伦理学的著作。

② *Prolegomena to Ethics*, 324.

"一种美德理想"，作为"道德不断焕发生机的泉源"。他在这里 210
进行哲学思考所采取的精神更多来自康德和费希特，而非黑格尔。在某种意义上，费希特是典型的道德主义者；因为道德的人永远不会说自己已经达到道德了。在黑格尔赋予历史进程的逻辑必然性特征方面，在他认为目标**已经**达到、精神的长征已经结束的论点方面，黑格尔所持的是典型的非道德态度。

这种完成和终结的态度在《历史哲学》中也奇怪地清晰可见。正如海姆所观察到的，黑格尔的历史哲学没有未来。精神的青年时期在希腊，成年时期在罗马，经过这两个时期，精神在德意志或日耳曼世界已经进到了老年时期。诚然，黑格尔还说，自然在老年时期是虚弱的，而精神在老年时期则达到了完全的成熟和威力；但他完全接受这种类比的最终结果。① 然而，正如这同一位学者所敏锐地指出的，这种可能是绝对的和最终的哲学天真地给我们提供了对它自己的责难。所有读黑格尔作品的人都会记得他把哲学比作"密涅瓦的猫头鹰"的那段充满灵感的文字。这段话构成了《法哲学》序言的结束语，并在一开始就体
现了与之前所引用的几段话相同的精神："关于教导世界应该如 211
何存在，也还要略说几句。在这方面，反正哲学总是来得太迟。哲学作为有关世界的思想，要直到现实结束其形成过程并完成其自身之后，才会出现。概念所教导的也必然就是历史所呈示的。这就是说，要等到现实成熟了，理想的东西才会对实在的东西显现出来，并在把握了这同一个实在世界的实体之后，才把它建成为一个理智王国的形态。当哲学把它的灰色绘成灰色

① *Philosophy of History*, 115 (English translation).

的时候，这一生活形态就变老了。把灰色绘成灰色，不能使生活形态变得年轻，而只能使之获得认识。密涅瓦的猫头鹰要等黄昏到来时，才会起飞。”他在稍前的地方说：“就个体而言，每个人本来都是他那时代的产儿。那么，哲学也就是被把握在思想中的它的时代。妄想一种哲学超出它的现在世界，就像一个人妄想跳出他的时代之外……是愚蠢的。”①这是深深扎根在黑格尔身上的一种看法，而且它构成了黑格尔大多数哲学史的主要
212 内容。但我们将如何调和以下二者：一方面是这种对彻底相对性的承认，另一方面是对他自己哲学的绝对性的宣称？难道未来是绝对单调乏味的，将不会给予我们任何新的经验，也不会让我们获得更深的识见？我们完全不能接受这种想法。②“宇宙的时钟”并没有随着19世纪的到来而不动和陷于停顿。事实上，这个哲学黄金时代——连同其绝对知识和其理性国家——最后以一种不能容忍的厌烦感冲击着精神。我们和莱辛一样本能地感到，比起这里供我们接受的真理，对真理的探索是一件更崇高的事情，并更有利于我们精神的健康。如果真理真属于我们，则另当别论，但我们完全相信，真理只为上帝所有。当面对痛苦的地球之谜，面对环绕我们周围的总是严肃的且常常是令人感到恐怖的神秘时，黑格尔主义的完美知识和完美国家听起来

① *Werke*, viii. 18. 参见黑格尔在《历史哲学》中宣称相同立场时所作的强调：“每个人都是它的民族之子，它的时代之子。没有人逗留在后面，更没有人超越在前面。”(English translation, 55)

② 然而，这种想法自然而然地被建议给那些接受黑格尔体系的学生，而且这在黑格尔较早且更自信的追随者中并不罕见。“我们必须牢记1830年黑格尔主义者的那种感伤和那种信念，它们真正地引发了如下问题：既然在黑格尔的哲学中，世界精神已经达到了它的目标，即对自身的认识，那么什么将构成世界历史未来的内容？”(Haym, 5)

同样空洞。让我们对自己诚实，并让我们对证明太多东西的解 213
释感到羞愧。我们是人，而非神；最终的合题不在我们这里。宇宙对我们来说并**不**显而易见，除非通过信仰——对理性的信仰和对善的信仰——的最高努力。正是黑格尔对理性的伟大信仰，才使他的思想如此庞大，并使其对开始研究它的人来说就像打开了一个新世界。但是，如果把这种信仰归结为体系，并作为一种证明提出来，我同样感到肯定的是，其影响的害处将与其最初的好处一样大。它既使思辨兴趣之源泉枯竭，又使道德努力之源泉枯竭。不，我们大可放心，终结不属于人类；我们不能摆脱不断流淌的时间之流，我们的生命就在里面度过。黑格尔主义是又一次伟大的尝试，它令人满意地命名了整全，并在其中为存在的所有不同方面找到了位置。但时间仍然是吞噬自己孩子的神灵，黑格尔的体系也不会例外。它将像亚里士多德的体系或斯宾诺莎的体系一样留存下去，人们将从它的丰富材料中为自己的知识结构汲取营养。人们将从黑格尔体系的成功中获取灵感和指引，人们将从其错误中得到警示。

214

结 语

我们花了如此多的时间批评黑格尔，如果需要为此提供某种理由，那就一定要在我开篇所提到的诸因素中去找。黑格尔体系或某种在本质上与它类似的方案的真理性，这在英语世界新康德主义者或新黑格尔主义者关于普遍自我及其与世界的关系的学说中被预设为前提。他们在其著作中可能没有提黑格尔，而这一学说本身可能是他们从对康德哲学的发展和批评中明确得出的；但这种对康德哲学进行发展和批评的勇气是黑格尔关于存在的断言所提供的，即他公开声称存在展现为这样一种自我的过程。在很大程度上，黑格尔也体现了我在第 1 讲中所批评的作为新康德主义谬误的那同一种推理模式；对黑格尔体系
215 的研究能比其他任何东西更好地让我们看到这条思路使我们得出的结果。

我认为，黑格尔主义和与之相关的英语世界的学说的根本错误在于，它们将人的自我意识与神圣的自我意识等同起来，或者更宽泛地说，它们将意识统一于一个单一的自我。在某种程度上，对这一点的揭示可以说是这几讲的主题。我们已经指出，这种同一或统一自始至终取决于如下取向，即把单纯的形式当作实在的存在，也就是说，把类型的同一性当作存在的统一性。我们每个人都是一个自我：也就是说，用现下哲学的专

业语言来说，我们为自己而存在，或者说我们是自己的对象。
我们不是仅仅为他人而存在的单纯对象，而是可以说，我们集
主体和客体于一身。也可以说，自我身份意味着，就我的存在
的一个方面而言，我是普遍的，因为我把我的个体存在与其他
生命的存在区分开来，而同时把二者都包括进一个共同的世界
内。无论形而上学理论如何，每一个“自我”在这个意义上都是
普遍的，并通过各种方式让这个特点体现在对自我的定义中。
如果一个单纯的个体是如下一种存在，正如我们经常听到的，
即个体没有意识到其自身的诸局限——因此，它不能认识到自 216
己是一个个体——那就没有任何自我是一个单纯的个体。我们
甚至可以有把握地说，单纯的个体是哲学思维的一种虚构。个
体之间不可能相互作用，除非他们都被包括在一种实在之内；
如果他们不都构成一个事物体系的各个部分，某一个体也不可
能对其他个体有任何知识。但下列说法是向前迈出的伟大一步，
即说自我的这种普遍态度是由于，自我是一种在全部所谓的思
维者中进行思维的普遍自我。至少可以说，这是对诸必然性的
一种极其不幸的陈述方式。因为，正如我们在前面的讲座中所
看到的，尽管自我身份涉及一种处于统一中的二元性，且可以
被描述为主体—客体，但事实上每个自我都是一独特的存在，
（如果允许如此说）相对于其他自我来说，它是完全不可渗透
的——这种不可渗透可粗略类比为质料的不可穿透性。据此，
自我抵制入侵；基于它的自我特性，它拒绝在自身内接纳另一
个自我，可以说，它由此成为一个单纯保存某种其他东西的容
器。事物的统一性（这一点没有被否认）不能通过如下方式得到

217 恰切的表达，即让事物的统一性取决于所有思维者中的自我的统一性；因为自我的特征正是这种排他性。因此，自我远非我们所期望的意义上的结合原则，而实际上正是分离和分化的顶点。诚然，当然只有通过自我身份，我才能认识到世界的统一性以及我自己与万物之源的结合，这激发人们在形而上学上使用普遍自我这一观念——这正是我所要批评的。然而，尽管自我因此在认识方面是一个统一原则，但在存在或形而上学方面，自我则是一个分离原则。而最终，在前一种情况下进行的统一，并不妨碍在后一种情况下进行的排他性的自我主张。意识不可能获得完全解脱，意识比证明这种独立性和排他性的东西更加明确。我有一个属于我自己的核心，即一种属于我自己的意志，没有人与我共享它，或者没有人能与我共享它，甚至在与上帝打交道时我也保持着这个核心。因为，说我在这里抛掉——或能抛掉——我的人格，这是非常错误的。把人类灵魂看作神圣者的一种单纯模式或流溢，宗教意识并不给予这种做法提供任
218 何支持。相反，只有在一个位格那里，在一个相对独立或以自我为中心的存在者那里，以宗教的方式靠近上帝才有可能。宗教是人类意志自己甘心屈从于神。“我们的意志就是我们的如下意志，即让我们的意志成为您的意志。”但这是一种自己甘心屈从，这种屈从只有自我(self)，只有意志才能作出。

普遍自我学说是通过一个推理过程而获得的，我曾把这个过程比作经院哲学的唯实论(Realism)在讨论个别和“共相”所采取的步骤。唯实论也将个别单纯看作一种普遍形式的载体(vehicle)。唯实论把类看作独立于其个别的实在存在；类比个别更实

在，而且先于个别，因为个别实际上被视为类所创造的东西。作为个体的人处于这种对“人”这一类属(species)的从属和依赖的关系中，而且这一普遍的东西依序属于一个更高的种(genus)，直到我们达到最终的抽象，即一种普遍存在或实体，所有现存的事物都是这种普遍存在或实体的偶性。因为唯实论的最终目标是一种彻底的泛神论。任何研究经院哲学时期的学生都可能会看到，只有那些不一致的保留意见和因其教会立场而必须作出的妥协才能使唯实论者不得出这个结论。然而，这个
结论在当时的异端邪说中被广泛引用，唯实论思想家的思辨能 219
力和一致性越强，他就越接近这个结论。在中世纪典型的异教徒阿威罗伊(Averroes)——完全处在基督教世界范围之外——的体系中，我们在其同一性学说中能发现同样的唯实论，这种学说中的同一性是指人的理智在所有作为个体的人中具有同一性，这种同一性不是指本质上的相似性，而是指存在上的统一性。尽管阿威罗伊把这种普遍的理智看作神圣存在者的一种次级散发，而不是立即与神圣的理智相同，但该学说与新康德主义的普遍自我理论的惊人相似不能不引起注意。不论是共相真正与个别分离并被指定为一种超验的存在，还是共相只存在于个别中，这都不影响唯实论的特征。所谓柏拉图式的实在论形式与亚里士多德式的实在论形式之间的这种差异，并没有触及对二者来说是共同的根本学说，即关于类的学说：在诸个体中，类作为一个实体，对所有个体来说是共同的，在每个个体中都相同，个体差异作为偶性附着于这种实体之上。针对这种观点，我们可以摆出库桑(Cousin)对阿伯拉尔(Abelard)学说的阐释：

“只有个体存在，而且在个体之内除了个体之外什么也没有。”本
220 质或本性的类似性是一回事，存在是另一回事。如果谈论存在，那么实在的正是个体，而非普遍；实在的个体不是由类和偶性组合而成的东西，而是就个体存在最内在的结构而言的个体。最后，正如我在第 1 讲的结尾所提出的那样，我们可以把这种实在论的谬误——无论是在经院哲学中，还是在黑格尔和新康德主义者中——追溯到逻辑或认识论与形而上学或本体论之间的混淆。知识论的虚构主体（一般意识）被新康德主义者实体化为一个终极实在的思维者。黑格尔的形而上学式逻辑学可被视为这种取向的顶峰，这并无偏颇。康德嘲笑费希特的体系（这是自然的，但正如我们所看到的，并不十分公平），认为它试图从单纯的逻辑中提取出存在，并说在他看来费希特的体系像一种幽灵。[①] 这种批评本更适用于黑格尔的做法，即他试图从单纯的共相来构建宇宙。而且即使我们拒绝从字面上理解这样一些黑格尔的说法，这种立场的缺陷仍然黏附于其体系之上；因为无论如何解释，事物的存在仍被认为只是作为这些抽象概念的例
221 证。整个发展过程都是如此，甚至在精神那里也是如此。如果我们考察黑格尔关于精神的本性所作的陈述，［会发现］它们都是在一个模子里铸成的。精神从他者那里返回到与自己的和谐之中；精神回复到自身；精神不是一种直接的统一性，而是一种经过中介或经过回复的统一；精神是一种同一性，这种同一性不是空洞的，而是构成了否定之否定。这些就是我们所看到的不断重复出现的话语，它们都表达了同一件事，即双重性中

① “像一种幽灵”：出现在一封写于 1798 年 4 月的信中（*Werke*，viii. 812）。

的统一性(或如黑格尔所称的，统一性中的三位一体)，这是具有自我意识的生命的特征。它们所提供的仅仅是费希特在《知识学》中为我们所构建的抽象的理智方案。但是，在这种抽象的形式本身中不存在任何美德，而且如果发展的目标被表述为对单纯知识形式的实现，那么它就不再是某种真正有价值的东西。黑格尔体系中遭受洛采严厉谴责的正是这种逻辑式的观念论，它牺牲了精神真正好的东西。

我在这些讲座中的论点是，黑格尔派和新黑格尔主义学派 222
要把神圣主体和人类主体统一起来的企图对二者的实在性来说最终是毁灭性的。正如上面所论证的[①]，如果一种理论通过如下方式剥夺人所固有的自我，即把人变成某个普遍思维者的对象，那这种理论也使这个普遍思维者没有任何真正的人格。在这种不可能的结合中，我们不能正确地构想神圣的自我或人类自我，这种结合也不令人惊奇，因为它们只是我们自己有意识之生命的两个不可分割的方面，它们被分离和实体化了。至于神圣自我，如果我们**以实际上不可能的方法**(per impossibile)把这个对我们自己来说抽象的东西看成永远相当于某种客观世界或其支撑者，那这样一种纯粹的客观意识不是一个自我——无论在“自我”这个词的何种真正意义上；它不过是某种客观的关系体系要返回进去的一个假想焦点。我们已经学会不轻易把一种主体性(比如我们自己的主体性)归于神圣的精神——这是很好的。但我们不要忘记，如果我们一定要保留“上帝”这个名字，或任何同等的术语，那么主体性——上帝自为的存在，类似于我们自

① 比如参见本书第62—64页。

己位格的存在，尽管无疑我们在无数方面无限地超越了它——
223 就是概念中的一个根本要素。如果有人说，这是抽象的思维，且不当地将上帝的存在与他在宇宙中的表现或劳作分开，那么这一指控似乎并没有被我们所知的适用于人类的本质逻辑学说所证实。对于其他人来说，一个人就是他自己的诸多行动和话语；如果我们了解了这些行动和话语，那就可以正确地说，我们认识了这个人。与此类似，我们也可以说认识了在自然和历史中显现的上帝。在这两种情况下，对现象的认识都是对本质的认识；它并不像相对主义者要我们相信的那样，要切断我们对本质的认识。但是，正如每个人有一个他自己的中心，我们无法占据它，可以说他从这个中心去看他的行动和话语的内在方面（以及去看一个私人的思想和情感世界，其中许多东西在公共世界或一般世界中根本不会出现），所以，如果我们一定要谈论上帝，那么就必须要有一个关于思想、行动和享受的神圣中心，凡人无法进入这个中心。在这个意义上，每个人的存在对他自己来说都不同于他所展现给他人的东西，而上帝的存在可能无限地超越他的为我们所知的表现。

224 此外，如果我们不想不忠于知识理论的根本原则，即通过我们力所能及的最高范畴进行解释，那么我们似乎就需要承认上帝具有真正的自我意识。有自我意识的生命是最高的生命，如果我们在上帝身上否认我们在自己身上认识到的尊严和价值的来源，那我们就是不诚实的。正如我在之前的讲座中所说，虽然我们必定认为上帝在形状和性质上与人相似，但我们的拟人论必须是批判性的。就像我们不用低级的生命形式来解释我们的全部自我一样，我们也(或者说更要)必须避免把我们自己的自我意识的所有特征转移到上帝身上。上帝可能——不，是必须——比我们对自己的认识要无限地多，我们至少可以肯定，上帝不会比我们对自己的认识还要少。

黑格尔体系在人的不朽问题上和在上帝的位格问题上一样含混不清，而且正是出于同样的原因，即因为理论中所宣称的自我不是一种实在的自我，而是一种逻辑的自我。所以，尽管可以引用一些似乎对不朽作了诸多讨论的段落，但仔细研究后我们会发现，这些段落都逐渐变成关于绝对自我的论述，或是关于自我意识本身之统一性的论述。因此，我们看到，时间不
过是自我自己生命的一种形式，自我以这种形式认识对象，但 225
主体本身不受时间规定的约束。自我同样出现在所有时间点上，事实上，它是将一些时刻结合在某个时间中的纽带。有人认为，从严格意义上讲，自我是非时间性的或脱离时间的，因此，赋予自我以时间性谓词并谈论它的起源或消亡是荒谬的。[1] 然而，当被运用到个别自我的不朽时，这种论证就什么也证明不了。它只证明，自我必定与它过去的所有经验共存，或正表现在它过去的所有经验中；它并不证明，这种经验可能不会终结且自我也会相伴随。或有人再次告诉我们，自我是思维和存在的绝对必要前提。我们无法剥离自我；我们甚至无法设想我们自己的湮灭。但这是证明了过多东西的论证之一。它既适用于我们

① 可以说，这个论点涉及前一讲中所批评的逻辑的东西和形而上学的东西之间的微妙混淆。只有一种抽象的东西才能被恰当地说成是脱离时间的；就自我是实在的而言，它并不脱离时间，而是在时间中存在或持续存在。即使在谈到神圣存在者(the Divine Being)时，这也是“永恒的”一词对我们来说所具有的唯一意义。

出生前的时代，也适用于我们死亡后的时代。只要我们思考，
226 我们就不能从自我意识中抽离出来。但正如卢克莱修所言，如果未来对我们来说并不比昔日更重要，当时布匿人(Poeni)集结战斗，世界帝国岌岌可危，那么，这样担保的不朽对我们来说肯定是没有任何具体意义的。事实上，这又是建立在如下转变之上的，即某种逻辑上的必然性转变为形而上学的存在。统治我们的这种逻辑必然性据说是由于在我们每个人身上都存在着一个无始无终的自我。因此，即使我们以其自身的价值来看待这种论述，它所证明的只是这个绝对自我的不朽性。亚里士多德以同样的方式主张能动理性(the Active Reason)的永恒性①，阿威罗伊主张在所有人中都一样的理智的不朽性。斯宾诺莎也谈到了我们的永恒部分(pars aeterna nostri)。黑格尔没有在任何其他意义上谈到过“人作为精神”的不朽性——他极力将这种不
227 朽性或永恒性称为“当下的性质”，一种现实的属性。② 在我看来，黑格尔在这个主题上的论述都充斥着这种双义性(double entendre)，实际上等于搁置问题。因为我们已经充分地看到，绝对自我或能动理性本身就是一种纯粹的抽象；说我们以这种形式生存，并不比说我们身体的化学元素将在新的转变中幸存更令人欣慰。

这两种立场——神圣的位格与人的尊严和不朽——是同一种存在观的两个互补的方面。如果我们能够与黑格尔主义左派

---

① 曾有人拿亚里士多德的能动理性理论来与普遍自我学说进行对比。我们可以补充，逍遥学派(the Peripatetic school)的历史与第 6 讲指出的黑格尔派的发展类似，这是有趣的。能动理性在斯特拉托(Strato of Lampsacus)的纯自然主义体系中迅速消失了。

② *Werke*, xii. 219.

一样相信，事实上不存在永久的理智和意志，那么具有自我意识的生命的核心位置就被废黜了，它仅仅成为宇宙中的一件小事。在这种情况下，我们完全可以相信，人的自我意识就像在黑暗中打出的火花，在它产生的黑暗中很快就会消失。因为，根据这一理论，宇宙在本质上是由对诸多转瞬即逝的形式的演进和重新吸收组成的——这些形式充盈着知识，并被经验所塑造，并只将因死亡而变成空无和被打破。但是，如果宇宙只是永远重复这种达那伊德斯(Danaid)式的劳动，那么说宇宙有任 228
何真正的或有价值的目的，就是一种嘲弄了。一种解释，如果它与我们最基础的价值标准相抵触，且不能满足我们最深层的需要，那它就会被谴责为在本质上不合理和不可信的。我不认为哲学可以证明不朽；但对于建立在自我意识，特别是道德意识基础上的某种哲学来说，下列说法是不可信的，即应当耗尽和抛弃一代一代人，就好像品格(character)不是时间所唯一持存的产物和唯一有价值的结果。可以说，道德独立于对不朽的信念——也就是说，道德的真正基础是为了善而善，为了美德而美德——而且我乐意承认经常作为这种表述之基础的高贵品性。它与那种将道德建立在未来状态下自私的赏罚之上的理论针锋相对，并在根本上是正确的。但我们的道德本能所要求的不朽绝不是一种奖赏，而仅仅是“继续活下去而不去死的酬劳”。对不朽的否定似乎与我们关于世界的道德合理性的观念大相径庭，以至于我认为，对不朽的否定最终必定引起对道德本身有害的怀疑。

229 为了永远而消失！永远？不；因为从我们人类开始不断
死去，永远，永远，永远是引导人类的光。

在野蛮人的葬礼中杀死奴隶并残杀妻子的那些人，
他们在自己身上感受到了再生的神圣激情。

为真理而真理，为善而善！善者，真者，纯者，正者，
从它们身上取下“永远”的魔法，它们就会碎裂成尘埃。①

以结语和尾声的方式再说几句。对一些人来说，这些讲座可能只包含对黑格尔及其体系的无情谴责。造成这种印象，我非常抱歉。我为此致歉，不仅仅是因为我自己极大地受惠于黑格尔，这将使那种对黑格尔哲学的谴责显得忘恩负义，而且还因为一般哲学都非常受惠于黑格尔，思辨观都是通过研究黑格尔而得到的。我不会劝任何人不要去研究黑格尔。他的目标是如此之大，以至于仅仅努力跟上他的步伐就会增强精神的力量。此外，黑格尔那里有许多哲学上最重要的东西和真理。他对现象学或关于所有意识形式之历史的哲学分析的贡献是非常巨大
230 的。他的《逻辑学》被看作对范畴的批评，它坚持以自我意识作为最终的解释原则，这也是一份不可磨灭的馈赠。我已经在这方面为他的拟人论作了辩护，并准备再次为它而辩。再没有什么比下列企图更加不符合哲学的了，即试图把物质宇宙无边无际的东西强加给人的精神，以此来压垮它。在这方面，黑格尔

① *Locksley Hall: Sixty Years After*.

对作为自然的自然的极度蔑视有其自身正当性。事实上，我们可以采用费希特的强烈表达方式，并说，如果只有物质存在，那就等于说什么都不存在。总之，在“观念论”这个词的历史意义上，黑格尔是观念论的重要拥护者，他支持人类的最佳利益。我所攻击的是作为一种体系的黑格尔主义，而非黑格尔。我的批评要点是，这种体系在实行过程中崩溃了，并最终将这些利益牺牲给了一个被称为“理念”的逻辑抽象物，在其中上帝和人都消失了。新康德主义或新黑格尔主义也没有更好地维护这些利益，它们把一般自我意识的单纯形式树立为神。

附录一
人名对照表[①]

彼德·阿伯拉尔(Peter Abelard，1079—1142)

阿瑟·詹姆斯·鲍尔弗(Arthur James Balfour，1848—1930)

弗朗西斯·赫伯特·布拉德雷(Francis Herbert Bradley，1846—1924)

詹姆斯·弗雷德里克·费里尔(James Frederick Ferrier，1808—1864)

托马斯·希尔·格林(Thomas Hill Green，1836—1882)

威廉·罗恩·哈密顿(William Rowan Hamilton，1805—1865)

爱德华·冯·哈特曼(Eduard von Hartmann，1842—1906)

鲁道夫·海姆(Rudolf Haym，1821—1901)

沙德沃思·霍奇森(Shadworth Hodgson，1832—1912)

威廉·詹姆斯(William James，1842—1910)

鲁道夫·赫尔曼·洛采(Rudolf Hermann Lotze，1817—1881)

托马斯·里德(Thomas Reid，1710—1796)

阿尔贝特·施韦格勒(Albert Schwegler，1819—1857)

约翰·西布利(John Sibree，1795—1877)

詹姆斯·哈奇森·斯特林(James Hutchison Stirling，1820—1909)

艾尔弗雷德·丁尼生(Alfred Tennyson，1809—1892)

弗里德里希·阿道夫·特伦德伦堡(Friedrich Adolf Trendelenburg，1802—1872)

弗里德里希·于贝韦格(Friedrich Ueberweg，1826—1871)

---

① 列出的是塞斯书中提到的人名信息，按姓氏顺序排列。本附录为译者所整理。

威廉·华莱士(William Wallace, 1843—1897)

詹姆斯·沃德(James Ward, 1843—1925)

爱德华·策勒(Eduard Zeller, 1814—1908)

附录二
书目信息[①]

Arthur James Balfour, "Green's Metaphysics of Knowledge", in *Mind*, Vol. 9, Issue 33, 1 January 1884.

F. H. Bradley, *The Principles of Logic*, London: Kegan Paul, Trench, & Co., I, Paternoster Square, 1883.

James Frederick Ferrier, *Institutes of Metaphysic: The Theory of Knowing and Being*, Edinburgh and London: William Blackwood & Sons, 1854.

Johann Gottlieb Fichte, *Sämmtliche Werke*, herausgegeben von I. H. Fichte, Band 1, Berlin: Verlag von Veit und Comp., 1845.

Rudolf Haym, *Hegel und seine Zeit*, Berlin: Verlag von Rudolph Gaertner, 1857.

G. W. F. Hegel, *Werke*, dritter Band, Berlin: Verlag von Duncker und Humblot, 1833.

G. W. F. Hegel, *Werke*, fünfter Band, Berlin: Verlag von Duncker und Humblot, 1834.

G. W. F. Hegel, *Werke*, sechster Band, Berlin: Verlag von Duncker und Humblot, 1840.

G. W. F. Hegel, *Lectures on the Philosophy of History*, translated by J. Sibree, London: Henry G. Bohn, York Street, Covent Garden, 1857.

---

① 列出的是塞斯本书中引用书目的详细信息，按作者姓氏顺序排列。本附录为译者所整理。

G. W. F. Hegel, *The Logic of Hegel*, translated from *The Encyclopaedia of The Philosophical Sciences*, with Prolegomena by William Wallace, Oxford: Clarendon Press, 1874.

Thomas Hill Green, *Prolegomena to Ethics*, edited by A. C. Bradley, Oxford: Clarendon Press, 1883.

Works of Thomas Hill Green, edited by R. L. Nettleship, vol. II, London: Longmans, Green and Co. 1886.

W. James. , "On some Hegelisms", in *Mind*, Volume VII, Issue 26, April 1882.

I. Kant, *Sämmtliche Werke*, in chronologischer Reihenfolge, herausgegeben von G. Hartenstein, dritter Band, Leipzig: Leopold Voss, 1867.

Hermann Lotze, *Metaphysic*, edited by Bernard Bosanquet, Oxford: Clarendon Press, 1884.

Hermann Lotze, *Microcosmus: An Essay Concerning Man and His Relation to The World*, translated by Elizabeth Hamilton and E. E. Constance Jones, vol. 1, Edinburgh: T. & T. Clark, 1885.

Schelling, *Vom Ich als Princip der Philosophie oder über das Unbedingte im menschlichen Wissen*, 1795.

Arbert Schwegler, *Handbook of the History of Philosophy*, translated and annotated by James Hutchison Stirling, fourth edition, Edinburgh: Edmonston & Douglas, 1872.

Andrew Seth, "Hegel: An Exposition and Criticism", in *Mind*, Volume. VI, Issue 24, 1 October 1881.

Andrew Seth, *Development from Kant to Hegel*, London: Williams and Norgate, 1882.

Essays in Philosophical Criticism, edited by Andrew Seth and R. B. Haldane, with a preface by Edward Caird, London: Longmans, Green, and Co. , 1883.

Andrew Seth, *Scottish Philosophy: A Comparison of the Scottish and German Answers to Hume*, Edinburgh and London: William Blackwood & Sons, 1885.

James Hutchison Stirling, *The Secret of Hegel: Being the Hegelian System in Origin, Principle, Form, and Matter*, vol. 1, London: Longman, Green, Longman, Roberts, & Green, 1865.

Alfred lord Tennyson, "Locksley Hall: Sixty Years After", in *Poems*, Boston: W. D. Tiknor, 1842.

Adolf Trendelenburg, *Logische Untersuchungen*, erster Band, dritte vermehrte Auflage, Leipzig: Verlag von S. Hirzel, 1870.

Friedrich Ueberweg, *History of Philosophy: From Thales to the Present Time*, trans. Geo. S. Morris, vol. II, New York: Scribner, Armstrong & Co. , 1874.

James Ward, "Psychology", in *The Encyclopaedia Britannica: A Dictionary of Arts, Sciences, and general Literature,* ninth edition, vol. 20, Edinburgh: Adam and Charles Black, 1886.

Eduard Zeller, *Plato and the Older Academy*, translated by Sarah Frances Alleyne and Alfred Goodwin, London: Longmans, Green, and Co. , 1876.

图书在版编目(CIP)数据

黑格尔主义与人格 / (英) 安德鲁·塞斯著 ; 王兴赛译. — 北京 : 商务印书馆, 2024
ISBN 978-7-100-23506-8

Ⅰ. ①黑… Ⅱ. ①安… ②王… Ⅲ. ①哲学—研究 Ⅳ. ①B0

中国国家版本馆CIP数据核字（2024）第053240号

黑格尔主义与人格
〔英〕安德鲁·塞斯 著
王兴赛 译

商 务 印 书 馆 出 版
（北京王府井大街36号 邮政编码 100710）
商 务 印 书 馆 发 行
南京新洲印刷有限公司印刷
ISBN 978-7-100-23506-8

2024年4月第1版　　开本 889×1194 1/32
2024年4月第1次印刷　　印张 6 3/4

定价：46.00元